급매물의 여왕

급매물의 여왕

노성환 지음

맛있는책

_깨알을 굴리기는 너무 힘들어!
천 리 길은 기차를 타고

초등학교 시절부터 '티끌 모아 태산' 이라든지 '천 리 길도 한 걸음부터' 라는 속담을 귀에 못이 박히게 들어 왔다. 여중생 시절 용돈을 아껴 써서 조그만 녹음기를 장만했을 때는 내가 태산이라도 쌓은 듯 부자가 된 기분도 맛보았다.

대학을 마치고 취직을 해서 매달 받은 월급은 엄마에게 맡겼고 그 돈은 고스란히 통장으로 향했다. 달랑 한 개의 월급통장에서 빠져나간 돈은 적금통장으로 이사를 했고 직장 생활에 매달린 아가씨에게 적금통장은 별다른 의미가 없었다. 물론 그 적금통장이 나의 용감한 결혼 생활에 일조를 하였음은 분명하다.

친정엄마는 적은 돈이라도 꾸준히 모으면 커진다고 하셨고 철석같은 그 믿음을 기초로 한 새댁의 꿈은 제법 야무졌다. 우리 부부가 가진 것이라고는 대책 없는 용기와 깨알만 한 적금이 전부였지만 그다지 걱정스럽지 않았음은 물론이다. 그러나 막상 시작된 신혼생활에서 금방 쑥쑥 자랄 것 같던 우리의 깨알은 아껴 쓰며 빠듯하게 돈을 모아도 도무지 호두는커녕 콩도 되지 않았다. 당장 단칸방을 벗어나기 위해서는 보증금을 보태야 하는데 꼬박 일 년을 모은 돈을 합쳐도 조그만 아파트의 전세금 마련이 어려웠기 때문이다. 도무지 이 깨알로 무엇을 어떻게 굴려 본단 말인가?

_계란은 한 바구니에 담지 말라고?
바구니에 담을 계란이 있어야 말이지

그 무렵 텔레비전에서 귀에 못이 박히게 울리던 '계란은 한 바구니에 담지 말라' 는 광고 카피는 나를 헛웃음을 짓게 만들었는데, 아직 한 개의 계란도 바구니에 담지 못한 우리 부부에게 당최 해당 없는 광고였던 까닭이었다. 주식, 펀드, 적금, 부동산……. 부자가 되려면 알아야 할 것도 많고 투자도 여러 군데로 분산해야 한다는데 한마디로 내게는 분산할 돈 따위는 없었기에 무기력해질 수밖에 없었다. 내가 할 수 있는 방법은 하나, 무조건 번 돈을 한 군데에 모으는 것뿐이었다.

그렇게 모은 돈과 남편의 직장에서 받은 전세 자금으로 작은 아파트의 세입자가 되었다.

단칸방에 비하면 너무나 넓고 환한 아파트로 이사하던 날, 시부모님은 아들이 집이라도 장만한 듯 기뻐하셨지만 내 머릿속은 당장 이달부터 갚아야 할 대출금을 계산하고 있었다.

다달이 갚을 만한 금액을 계산해서 적금통장으로 넣으니 말이 적금통장이지 실제는 대출금 상환통장이라 이 역시 내가 담을 수 있는 계란은 아니었다.

정말 계란을 나누어 담고 싶은데 내 계란들은 도대체 어디에 숨어 있는지 궁금하기 짝이 없는 노릇이었다.

_열심히 일한 당신, 그러나 아직 할 일이 많다

아이를 낳고서도 직장 생활을 꾸준히 했다. 그사이 대출 받았던 전세 자금도 갚았고 시부모님 소유의 무허가 주택은 재개발이 되면서 분양권으로 모습을 달리했다. 프리미엄을 얹어 무허가 주택을 팔라는 권유도 있었지만 이십여 년을 사신 집이니 우리는 무슨 수를 써서라도 시부모님을 새 아파트에 살게 해 드리고 싶었다. 계약금을 어렵게 치르고 국가 소유의 땅에 대한 불하대금을 장기 대출로 전환하고도 중도금 일부는 또다시 대출에 의존해야 했다. 이런 상황이니 아파트가 다 지어진 후에도 부모님은 입주하지 못하고 전세를 주어야 했지만 어쨌든 시아버님의 이름으로 아파트를 등기했을 때는 무척 기뻤다.

시부모님의 입주 대신 전세 보증금으로 대출을 갚고 나니 이번에는 우리 집이 문제였다.

집주인이 집을 팔겠다고 나선 것이다. 전세 보증금을 갚은 지 얼마 되지 않아 한숨을 돌릴 무렵이었다. 우리 부부는 또 머리를 맞대고 고민을 했다. 결론은? 보증금을 제외한 나머지를 담보대출로 받아 이사하지 말고 이 기회에 집을 사자는 것이었다. 어차피 다시 전세를 구한다 해도 이사 비용에 도배·장판 비용, 중개 수수료 등을 지출하게 되니 이사를 하지 않고 대출이자로 주는 편이 낫겠다고 생각했기 때문이었다.

남편의 이름으로 등기권리증을 받던 날은 또다시 열심히 일할 이유가 생긴 날이기도 하였다. 그러니 열심히 일한 당신… 결코 떠날 수 없었다.

_아줌마는 힘들다?
힘세다!

세상에는 남성, 여성, 그리고 아줌마가 있다는 우스갯소리가 있다.

대출금을 끌어안고 마련한 내 집은 아이와 함께 자랐다. 어린이 집에 아이를 맡기고 맞벌이를 하는 몇 년간 반달이 보름달이 되듯 대출금의 비중이 줄었고, 아이는 튼튼하게 잘 자라 주었다. 온전히 내 집이 된 순간부터 이 집을 디딤돌 삼아 몇 번의 투자를 성공적으로 할 수 있었고, 뒤돌아보니 아무리 굴려도 티 나지 않던 깨알은 콩알만큼 자랐고, 내 바구니에도 계란이 두어 개쯤 담겨 있다.

사실 이야기의 시작은 지금부터다.

투자액이라고 하기에는 너무 보잘것없는 금액으로 부동산을 사서 조금의 수익이라도 내려 하니 좀 더 많이 살펴봐야 했던 나의 경험과, 이런저런 비용을 아끼려고 발품 팔고 귀담아들은 이야기들이 '투자 비법'으로 포장되고 보니 일면 쑥스럽기도 하다. 하지만 대한민국의 대다수 아줌마들은 나와 같지 않을까 생각하기에 기쁘게 나의 이야기를 들려 드리려 한다.

아직도 나의 할 일은 진행형이고 갈 길은 멀다. 하지만 힘들 때일수록 오히려 힘을 내서 식구들을 배려하셨던 존경스러운 나의 어머니를 본받아 지혜롭고 힘센 진짜 아줌마가 되고 싶다.

_『급매물의 여왕』은?

처음 재테크 관련 지식을 얻고 싶어서 도서관과 서점을 누빌 때의 기억이 새롭다.

『부자 아빠 가난한 아빠』를 시작으로 『돈 버는 사람은 따로 있다』 『종자돈 1억 만들기』 『33세 14억 젊은 부자의 투자 일기』 등 제목만으로도 나를 설레게 하는 책부터 경매와 법률, 금리와 금융에 관한 많은 책들은 이제껏 급여통장 하나만 알던 내게 새로운 세계이면서 동시에 낯설고 두려운 세상이었다. 그도 그럴 것이 책을 펼치면 알아듣기 어려운 부동산과 금융의 법률용어가 가득하고 책 뒤의 색인을 다시 펼쳐 봐도 금방 머릿속이 하얘지는 난감한 경험이라니…….

『급매물의 여왕』의 등장인물인 지혜 씨는 넘치는 부동산과 금융 정보들을 수시로 접하면서도 막상 내 앞의 일이 되면 내 집 마련은 물론 전셋집을 옮기는 일에서조차 뒷걸음치고 고민한다. 이런 지혜 씨의 모습은 주변의 무수한 주부의 모습이며 내 집 마련과 재테크에 고민하는 요즘 생활인의 모습이고 동시에 십 년 전의 내 모습이기도 하다. 지혜 씨의 좌충우돌은 그대로 나의 모습이며 에피소드이고, 그 과정을 겪으며 필요한 부동산의 정보와 지식을 알아 가는 형식으로 구성했다. 또한 표현할 수 있는 범위에서 최대한 표와 그림으로 이해를 돕고자 했다.

나는 성공한 부동산 투자자로서 독자에게 전문적인 지식이나 경험을 들려 드리고자 하는 것은 아니다. 그러나 이제 내 집 마련을 검토하는 초보 주부와 부동산 투자가 무엇인지 궁금해하는 독자에게 그분들과 같은 시각에서 최대한 쉽고 익숙하게 전달하고자 했다. 어떡하면 빠르고 쉽게 이해할 수 있을까 고민했던 나의 마음이 전달되었으면 하는 바람이다. 또한 독자 모두가 건강한 가족의 주인공이며 안정적인 사회의 기반이 되어, 주어진 자신의 삶에 왕과 여왕이 되기를 진심으로 기원한다.

노성환

PART 2 투자 가이드

PART 3 투자와 관리

PART 1

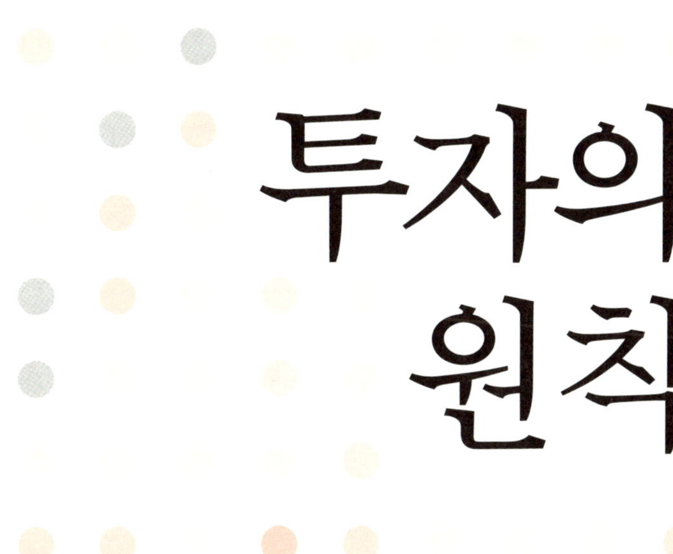

투자의 원칙

급매물이 뭐예요?

: 이미 기본 수익을 확보하고 시작하는 것

전세를 넓혀 갈지 과감하게 첫 집을 장만하는 것이 좋을지 지혜 씨는 요즘 고민이 많습니다. 집값이 자꾸만 떨어진다는 뉴스를 접하면 이때가 오히려 집을 장만해야 할 때인가 싶다가도 당분간 집값이 오를 일은 없다는데 괜히 집을 샀다가 더 떨어지면 어떡하겠느냐는 이웃집 재호 엄마의 말에 고개가 끄덕여지기도 합니다. 어쨌든 지난봄 이 동네로 이사 온 뒤 종종 아파트 시세를 물어보았던 부동산 중개사무소에 들러 볼 작정입니다.

"안녕하세요? 김 사장님, 올해엔 유난히 장마가 이르네요. 요즘은 거래가 좀 어때요?"

인사를 하고 앉으니 활짝 웃는 얼굴로 부동산 사장님이 반색을
합니다.

"요즘 거래야 별거 있나? 이사철이 짧아져서 재미가 없네. 아,
그래도 마침 좋은 물건이 하나 있긴 해요. 왜 알지? 요 앞에
OO아파트 24평형, 지난봄에 3억이 아니면 팔지 못하겠다고
고집 부리던 주인이 무슨 급한 일이 생겼는지 마음이 바뀌어
서 2억 5천만 원에라도 팔 모양이야. 그렇게 천만 원이라도 깎
아서 팔자 할 때는 거들떠보지도 않더니 꽤 급한 모양이야. 그
건 그렇고, 5천만 원이나 깎였는데 이만하면 완전히 최상급 급
매물이지."

매매가 3억을 불렀던 아파트를 2억 5천만 원에 살 수 있다 하
니 확실히 구미가 당깁니다.

📌 3월에 3억이던 처음 호가보다 5천만 원이 내려간 이 아파트, 자그마
치 1/6이나 가격이 깎였다는데 이만하면 급매물이라 해도 좋지 않을
까요?

급매물이라니 무슨 소리?

지난 3월이면 분명히 지금보다 거래 가격이 조금 높았던 이사철입
니다. 한창 이사철에 거래된 가격도 아니고, 부르는 값이 3억 원에
서 2억 5천만 원으로 낮아졌다고 급매라고 할 수는 없겠죠. ✹

📌 그래도 5천만 원이나 싸게 살 수 있는데요?

5천 원도 아니고 5천만 원은 깎는다고 쉽게 깎아지는 금액은 아닙니다. 하지만 기준이 어디인지 확인해 볼 필요가 있습니다. 집주인이 부르는 값(호가)을 기준으로 보기는 어려우니까요. 즉, 지난 3월에 실제 거래된 가격과 최근의 실거래가액이 급매물 가격의 기준이 될 수 있습니다. ✹

아하, 그러면 실거래가액을 알아보면 되겠군요!

이런, 지혜 씨는 성격이 급하시군요. 호호……. 부동산의 가격을 살피는 데 실거래가액이 중요한 기준이 되지만, 이 외에도 집의 수리 상태, 세입자의 여부 등은 특히 중요하게 참고가 되어야 하는 항목입니다. 예를 들어 최근 거래가액이 2억 8천만 원선이라면 매도 가격이 2억 5천만 원일 때 급매물로 보기 어렵지만, 만약 인테리어를 최근에 새로 한 집이고 바로 입주가 가능하다면 눈여겨봐야 하니까요. 반대로 매도 가격이 2억 3천만 원이라도 집 상태가 낡았고 세입자의 계약 기간이 많이 남았다면, 차후에 세입자를 교체할 때 들어갈 비용이 만만치 않게 되니 싸도 싼 집이 아닌 경우가 생깁니다. ✹

싼 것이 비지떡이라는 속담이 있다. 가격에는 모두 그만한 값어치가 있다는 뜻이다.

옳은 말이다. 그리고 값어치는 시간과 상황에 따라 변하기도 한다는 사실 또한 옳은 말이다. 떡은 당장 먹을 수 있는 맛과 재료의 가격에 기준을 두고 값어치가 매겨지는 까닭에 찹쌀떡은 비싸고 비지떡은 싸다는 말이 나온 것이 분명하다. 그렇다면 투자는?

사전을 찾아보니 이익을 얻기 위하여 어떤 일이나 사업에 자본을 대거나 시간이나 정성을 쏟는 것을 투자라고 하였다. 시간과 정성이 들어간 값어치가 투자의 결과라 말해도 좋다는 뜻이다. 그렇다면 투자를 위해서 무언가를 살 때는 당장의 값어치보다 미래의 값어치를 가늠해야 한다는 너무나 보편적이고 빤한 답이 나오는데 그렇다면 미래의 값어치는 어떻게 볼 수 있을까? 더구나 부동산의 가치, 집값의 미래를 과연 볼 수 있을까?

누구라도 미래의 집값이나 부동산의 미래가치를 단언하여 제시할 수 없을 것이다. 연초마다 각계 전문가들이 내놓은 부동산 전망도 제각각이고 맞는 확률 또한 절반이 되지 않는데, 하물며 아줌마가 미래가치를 보며 부동산 투자를 할 수 있다면 그건 새빨간 거짓말이다.

그래서 나의 투자는 현재의 시점에서 싸게 살 수 있는 집이나 상가를 찾는 것에서 시작한다. 현재의 시세를 기준으로 일명 급매물을 찾는 일이 투자의 시작인 셈이다.

급매물은 급하게 팔아야 할 물건을 말한다. 팔아야 할 사람이 급하니 가격도 비교적 저렴하다. 인터넷을 살피거나 부동산 중개사무소를 가 보면 아파트에도 다세대주택에도 급매물은 항상 있지만, 중요한 것은 급매물의 기준을 어디에 두는가 하는 것이다.

부동산 전문가들은 부동산의 종류와 지역 등에 따라 차이를 두겠지만 대체로 부동산 시장의 시장 상황에 따라 상승기일 때는 시세보다 5% 이상, 침체기에는 10~20% 저렴한 것을 급매물의 기준으로 삼는 경우가 많다.

내가 생각하는 급매물이란 서울 및 수도권의 주거용 부동산을 기준으로 시세보다 15~20% 저렴한 것을 말한다. 부동산 시장이 활성화된 상승기에는 급매물이 없다고 보는 것은 전문가들의 의견과 다른 점이다. 내 경우에는 오히려 부동산 시장이 과열이라고 말하는 때에 적정한 투자 이익을 만족한 부동산이나 처분하려고 계획했던 부동산을 팔았던 경우가 많다.

시세의 기준은 어디에 두는 것이 좋을까?

아파트라면 역시 국토해양부의 실거래가로 신고된 금액이 가장 객관적이고 정확한 기준이 될 것이다. 서울의 경우에는 서울시에서 운영하는 서울 부동산 정보 광장 사이트를 통해 아파트뿐 아니라 단독/다가구, 다세대/연립주택 등의 실거래 가격과 전월세 가격까지 알아볼 수 있으므로 예전에 비해 정보를 찾기가 매우 편리하다.

시세와 유사하게 쓰이는 말로 정상가라는 것도 있다. 정상가란 보편적으로 거래되는 부동산의 가격, 혹은 부동산에 특별한 하자 없이 매도하려고 했을 때 무난히 거래가 될 만한 가격을 말한다.

서울 부동산 정보 광장, 온나라 부동산 정보, 국토해양부 홈페이지		
	site	정보
 서울특별시 서울부동산정보광장	http://land.seoul.go.kr/land/	서울특별시 부동산 정보 제공 실거래가 및 시세 조회 거래민원 개발정보 확인
ONnara 부동산정보통합포털	http://www.onnara.go.kr/	부동산 민원 열람 부동산 통계와 정책 확인 부동산 정보 포털 서비스
국토해양부 Ministry of Land, Transport and Maritime Affairs	http://rt.moct.go.kr/	전국 아파트 매매 및 전 · 월세 실거래가 확인 토지주택 등 부동산 공시가격 조회

정상가로 파는 것이 목표다!

시세 혹은 정상가보다 15~20% 싸게 살 수만 있다면, 그래서 특별한 하자 없이 무난히 거래가 될 만한 가격으로 팔 수 있다면 내가 싸게 샀던 15~20%는 그대로 수익이 된다.

더구나 요즘처럼 뉴스나 신문, 부동산 전문가들의 칼럼에서 일제히 부동산 침체기라고 진단하는 이 시점에서의 급매물은 말 그대로 진정한 급매물일 가능성이 높다. 눈여겨봐야 할 이유가 있지 않을까?

5천만 원 vs 1억 원 승자는 누구?

: 투자 금액을 최소화한다

"보시다시피 이 동네 빌라 시세로 보면 2억은 충분히 받을 수 있는 집이에요. 젊은 내외가 지방으로 발령을 받아 급히 처분하느라 가격이 이렇게 싼 것이지. 솔직히 내가 집주인이면 요즘 전세 보증금도 한창 올랐는데 1억 6천만 원에 파느니 전세를 놓고 이사를 할 거예요."

신혼집으로 장만해서 살았던 모양인지 깨끗하게 정리된 빌라는 내부 구조나 인테리어도 눈길을 끌었지만 확실히 가격이 마음에 듭니다. 마침 어렵사리 모아 둔 돈이 1억 원을 채웠으니 이 돈을 펀드에 두어야 할까, 적금으로 넣어 둘까 고민하던 차입니다.

"여기 월세로 임대를 놓으면 얼마나 받을 수 있을까요?"

지혜 씨는 은행 창구에서 안내받았던 금리를 기억해 내며 조심스럽게 묻습니다.

"호호……. 잘 생각했어요. 이 집을 월세로 주면 은행 이자보다 훨씬 수익이 낫죠. 보증금 3천만 원에 매월 50만 원씩 꼬박꼬박 들어올 테니까 말예요."

부족한 매매대금 3천만 원은 은행에서 대출받더라도 매달 들어오는 월세 수입에서 이자를 제하고도 더 이익이라는 공인중개사 김 사장님의 말씀에 고개가 끄덕여집니다. 알뜰한 지혜 씨는 드디어 집주인이 되는 걸까요? 이제 계약서를 쓰고 도장만 찍으면 되겠네요.

음……. 역시 집을 사는 것이 탁월한 선택일까요? 꼬박꼬박 들어오는 월세라니 생각만 해도 흐뭇해져요. 얼마나 매력적인지…….

옳은 말씀입니다. 내 통장에 꼬박꼬박 찍히는 월세를 생각하면 저절로 입가에 미소를 짓게 되니까요. 공인중개사 김 사장님 말씀처럼 3천만 원의 대출이자를 낸다고 해도(대출이율이 연 5.5%라면 매월 137,500원) 매월 362,500원이 남으니 은행 저축이자(연 3.5%일 경우 매월 291,650원)를 감안해도 매달 70,000원 이상이 이익입니다. ✹

혹시 빠진 경비는 없을까요?

아무래도 월세로 임대를 주려면 집 상태가 깨끗하다고 해도 기본적으로 도배는 해 주어야 할 것입니다. 열쇠를 교체해 주어야 할 경우도 생기고요. 방 세 개의 주택이라면 단순히 도배 비용만 생각해도 최소 50만 원 이상은 지불해야 합니다. 현관의 열쇠를 교체해 주거나 수도꼭지 등을 교체해 준다면, 은행에 맡긴 저축이자 정도를 기대하는 것이 정확한 기대수익이 되겠군요.

더욱 중요한 것은 바로 여웃돈입니다.

여유자금을 남김없이 빌라를 구입하는 데 쓰고 오히려 대출금이 생겼는데 만약 급히 돈을 써야 할 경우가 생기면 어떡하죠?☀

1억으로도 모자라서 대출을 받는데 더 적은 돈으로? 그게 가능할까요?

월세로 임대를 주는 것이 아니라 전세로 임대를 주면 어떨까요? 전세 세입자가 입주하기 전에 은행에서 2천만 원을 대출받고 임대 보증금 9천만 원으로 전세 계약을 합니다. 그러면 매매대금 중에서 내가 지불해야 할 돈은 5천만 원이군요. 이때 매월 대출이자로 내는 91,650원(대출이율이 연 5.5%라고 가정했을 때)은 경비로 계산합니다. 2년 뒤 현재 빌라 시세인 2억 원에 매도를 할 경우 수익률을 살펴봅시다.(같은 조건에서 매도한다는 가정하에 양도세 등의 경비는 배제한 계산입니다.)

현금 1억 원을 투자하고 2년 동안 발생한 임대수입(월세 수입에서 경비를 제외한 금액인 870만 원)과 매도 차익 4천만 원을 합하니 총 4,870만 원의 이익이 발생했습니다. 투자 원금 대비 수익률은 연

투자액 대비 수익률 1		
다세대주택	A(1억 원 투자)	B(5천만 원 투자)
매수가격	160,000,000	160,000,000
보증금	30,000,000	90,000,000
대출금	30,000,000	20,000,000
투자원금	100,000,000	50,000,000
수입	12,000,000	0
경비(대출이자)	3,300,000	2,199,600
매도가격	200,000,000	200,000,000
매도차익	48,700,000	37,800,400
보유기간	24개월(2년)	24개월(2년)
연수익률	24.35%	37.80%

단위: 원

24.35%입니다.

다음으로 현금 5천만 원을 투자했을 경우 2년 동안 발생한 경비(대출금의 이자 2,199,600원)를 매도 차익 4천만 원에서 제하니 총 37,800,400원의 이익이 생겼습니다. 투자 원금 대비 수익률을 계산해 보니 연 37.80%입니다. ✸

최근 몇 년간 주택 거래는 거래량이 준 것은 물론이고 주택 가격 또한 확실히 하향안정의 방향을 잡고 있다면서도 오히려 전세 가격은 점차 올라가는 추세다. 소비자들 또한 이런저런 이유로 내 집 마련을 미루고 전세 임대를 선호하기 때문이라고 한다.

뜬금없이 왜 전세 타령이냐고 묻는 분도 있겠지만, 투자 금액을 최소화하기 위해 마음에서 월세 수입이라는 매력 포인트를 지울 것을 권하기 위함이다.

최근 몇 년간 주변을 살펴보면 월세 수입을 기대하고 전세 만기가 된 주택을 월세로 전환하는 집주인들이 아주 많아졌다. 부동산 사무실마다 전세물건은 귀하다고 하면서도 월세라면 아무 때라도 골라서 이사할 수 있다고 안내를 해 주기도 한다. 몇 년 전만 해도 전세가 없으면 울며 겨자 먹기로 월세를 살아야 하는 경우도 있었지만 요즘은 사정이 좀 달라졌다.

세입자들이 집주인에게 월세를 지불하기보다 은행에 대출이자를 주는 편이 이익이 된다는 것을 깨달았다. 게다가 집 없는 국민들을 위해 정부에서는 전세 자금의 지원을 확대하였고, 최근에는 보다 저렴한 이자로 은행의 전세 자금 대출상품을 다양하고 편리하게 이용할 수 있게 되었다.

그러니 당장 내 집 마련이 급하지 않은 세입자라면 만기에 돌려받을 수 있는 임대 보증금이 조금 비싸다 하더라도, 전세 자금을 대출받아 임대차 계약을 하는 것이 유리한 것이다. 반대로 집주인의 입장에서는 낮은 저축 금리로 은행에 현금을 두는 것보다, 보증금을 낮추고 매월 수익이 생기는 월세 임대를 선호하게 되었다. 이런 사정이고 보니 전세 임대에 대한 수요는 더욱 커지고 월세로 임대를 하겠다는 주택은 들어올 임차인을 두고 경쟁이 심해졌다.

즉, 월세로 수익을 내고자 하는 임대 수익률은 점차로 떨어지고 있다는 말이다.

에피소드를 예로 들자면 급매물을 구입해서 2년의 보유 기간 후에 판다고 가정했을 때, 1억 원을 투자했을 경우 월세 수입과 매도 차익의 합이 4,870만 원으로 5천만 원을 투자했을 때의 매도 차익에 비해 천만 원 이상의 수익이 더 발생했다. 그러나 5천만 원을 투자했을 경우 여유자금을 보유하고 있음으로 해서 얻는 안정감이나 다른 투자에 대한 기회비용, 그리고 수치로 확인되는 높은 수익률은 보다 더 매력적이다.

한 가지의 예를 더 살펴보자.

부동산 경기가 부진해서 거래 가격이 떨어지고 거래량이 줄었다고 하더라도 교통이 편리한 지역에 자리하고 있는 소형 아파트의 경우는 양상을 달리한다. 젊은 세대의 실수요자들이 거주와 출퇴근의 편의성을 보고 구입하거나, 결혼을 해서 가정을 꾸미면서 첫 번째 집으로 장만하는 경우가 많기 때문이다. 부동산의 종류 중 손꼽히게 환금성이 좋다는 말인데, 이런 이유로 부동산 경기가 둔하다고 할 때일수록 다세대주택보다는 소형 아파트에 더 관심을 갖게 된다.

소형 아파트라 하더라도 평형별로 가격 차이는 있게 마련인데 투자액을 1억 원으로 할 경우와 7천만 원으로 할 경우의 수익률을 비교해 보았다.

지극히 단순계산으로 비교를 해 보니 다세대주택의 투자 비교와

투자액 대비 수익률 2		
소형 아파트	A(22평형)	B(17평형)
시세	250,000,000	200,000,000
매수가격	200,000,000	160,000,000
보증금	100,000,000	90,000,000
투자원금	100,000,000	70,000,000
매도가격	250,000,000	200,000,000
매도차익	50,000,000	40,000,000
보유기간	24개월(2년)	24개월(2년)
연수익률	25%	28.57%

단위: 원

마찬가지로 1억 원을 투자한 22평형의 아파트보다, 7천만 원을 투자한 17평형 아파트의 수익률이 더 높다는 결론이 나왔다. 물론 여유자금이 많다면 굳이 이렇게 소형 주택을 살피거나 급매물을 기웃거릴 필요는 없을 것이다. 보다 큰 금액에는 거기에 맞는 투자 방식이 있을 테니 말이다.

그러나 한정된 금액과 기간 안에서 수익을 내야 하는 입장이라면 기억하자.

수익률과 안정감의 승자는 1억 원이라는 큰 금액의 거인이 아니라, 절반의 쌍둥이 5천만 원인 것이다.

뉴스는 정말 뉴스일까?
: 부동산 정책과 경제뉴스 살피기

장마가 한창이던 지난여름 남아공 더반에서 낭보가 날아들었습니다. 두 번의 고배를 마신 후에도 실망하지 않고 꾸준히 대회를 준비한 결과 평창이 독일의 뮌헨과 프랑스의 안시를 넘어 2018년 동계올림픽 개최지로 선발되었습니다. 밤이 늦도록 텔레비전으로 지켜보던 많은 국민들의 환호가 있었고 다음 날 온갖 매체에서 평창의 승리를 축하하는 기사가 넘쳐 났습니다.

늦도록 잠 못 이루고 응원하며 텔레비전으로 그 순간을 지켜보았던 지혜 씨도 다음 날의 기사를 보며 지난밤의 감동을 되새깁니다. 역시나 정치, 사회, 문화, 연예 소식은 물론이고 경제

면에서도 평창의 동계올림픽 유치 관련 소식은 일순위로 다루어졌군요. 흐뭇한 미소로 기사들을 읽어 가던 그때 지혜 씨의 눈을 반짝 뜨게 한 기사가 있었으니, 그것은 바로 「평창 부동산 시장 환호, 땅값 오른다. 교통 인프라 확충 기대」라는 제목의 기사였습니다.

"맞아, 2018년이면 세계가 집중하는 도시잖아. 세계적인 대회를 치르자면 개발을 피할 수는 없겠네. 이런 뉴스를 지나친다면 곤란하지."

이렇게 커다란 뉴스가 있는 지역이라면 관심을 둘 만하지 않겠어요?

맞습니다. 그런데 한 가지 짚고 넘어가야 할 것이 있네요. 평창의 동계올림픽 유치는 알고 있는 것처럼 두 번의 고배를 마신 후에야 결정되었습니다.

2002년 평창이 동계올림픽을 유치하려고 시도했던 시절부터 이미 평창은 부동산 시장에서 관심의 대상이었던 것이죠. 벌써 8년 전의 일이네요. 평창의 동계올림픽 유치는 정말 뉴스일까요?

평창이 동계올림픽 개최 도시로 발표된 뒤 인터넷과 방송, 신문에서는 「평창 부동산 시장 환호, 땅값 오른다. 교통 인프라 확충 기대」 「평창株, 동계올림픽 개최지 선정에 급등세」 「평창 동계올림픽 수혜 부동산」 「평창 바람 타고 '강원도 골프장'이 뜬다.」 등의 평창 지역에 대한 부동산 기대감이 엿보이는 기사들로 가득 찼다.

기대감에 부푼 부동산 기사들이 나온 며칠 뒤에는 「동계올림픽 개최지 평창, 토지거래허가구역 지정」 소식이 나오더니 주민들의 반발 기사가 나오고, 뒤이어 「평창 토지거래허가제, 행정 편의 위한 졸속행정?」 「평창 토지거래허가구역, "일부 해제 검토"」 등의 소식이 이어졌다. 일사천리로 이어진 이 뉴스들은 바로 동계올림픽의 유치 결정이 난 2011년 7월 7일부터 3주 이내에 나온 기사들의 제목이다.

뉴스를 사전적 의미로 보면 '일반인에게 아직 알려지지 않은 새로운 소식'이라고 해석되어 있다. 사전적 의미를 기준으로 두자면 '동계올림픽 유치 발표' 외에는 뉴스라고 할 수 없는 내용들뿐이다. 많이 알고 있는 것처럼 이제 기사에 나올 정도의 투자 정보는 완전히 알려진 것으로 봐도 무방하다. 그러니 뉴스를 액면 그대로 믿을 필요는 없다.

부동산 또는 경제에 관련한 기사를 쓰는 기자는 정보를 어디에서 얻을까? 결국은 사실을 전달해야 하는 입장이기 때문에 정책에 관련된 정보는 정부에서, 부동산 시장에 관련된 정보는 시세통계나 부동산 관련 전문가, 혹은 중개업소에서 얻는 경우가 많다. 이렇게 이미 이루어진 사실이 전달되다 보니 거꾸로 뉴스에 소개된 개발지역 또는 시장의 흐름을 전달하는 시점을 기준으로 상승세가 꺾이거나 하락세로 전환하는 경우가 많다.

　부동산 투자나 재테크를 잘하기 위해 정부의 정책과 뉴스를 살피는 것이 중요하다는 말에 충분히 공감한 뒤, 막상 작정을 하고 관심을 두자니 무엇을 기준으로 경중을 따져야 할지 막막하기만 하다.

　막막해하면서도 부동산 정책이나 경제 관련 기사를 꾸준히 읽다 보니 이제는 어지간한 기사 한 꼭지에 일희일비하지 않는 여유가 생겼다. 나름의 기준을 정리해 보면 이렇다.

- 치솟는 경쟁률, 분양가 상승 등의 비판적인 기사가 꾸준히 나오면 정부에서도 대책을 마련한다거나 규제를 만드는 등의 대응이 나오게 된다.
- 특정 지역의 개발 기사가 나오면 해당 지역 이상으로 주변 지역의 반응이 빠르다.
- 같은 정책을 두고도 논하는 주체의 입장에 따라 전문가의 의견이 반대로 나오기도 한다.
- 시장이 정부의 대책을 이기기는 어렵다. 따라서 정부의 정책 흐름을 따라가야 한다.
- 시행 시기나 개발계획 자체가 바뀌는 경우가 있으므로 꼼꼼히 확인하고 무리하게 진행하지 않는다.
- 도로와 교통은 부동산에 투자 가치를 더해 주므로 교통망에 관한 기사는 눈여겨본다.
- 부동산 관련 기사뿐 아니라 산업단지 조성 등의 산업 관련 기사도 중요하다.
- 최근 들어 기사 속에 광고를 포함하는 경우가 많아졌다. 직접 확인해 보는 것은 필수이다.
- 크게 보고 전반적 시장의 정황을 살핀다는 입장으로 보는 것이 현명하다.

집 안에서 쓰는 작은 가전제품을 사더라도 우리는 기사를 찾아 보거나 사용 후기를 읽어 보고 때로 매장에서 직접 확인을 한 뒤에 구입을 결정한다. 더욱이 목돈을 써야 할 부동산에 관심을 둔다면 두말할 나위가 없을 것이다.

부동산은 생필품처럼 가격이 매겨져 있지도 않고 가격이 오름세라고 해서 어제는 얼마 오늘은 얼마라는 식으로 가격이 정해지지도 않는다. 대부분의 사람이 집이든 토지든 구입을 한 뒤에는 적어도 2년 이상의 보유 기간을 가지게 되고, 부동산 가격은 부피만큼 긴 사이클을 가지고 있다. 긴 안목으로 보자면 결국 부동산 시장 역시 수요와 공급으로 흐름을 가늠해 볼 수 있는 것이다.

따라서 내 집 마련이나 투자를 하기 위해서는 이 흐름을 볼 줄 아는 안목을 가지거나 오랜 시간을 두고 시점을 알아챌 수 있는 내공을 키워야 하는데, 이 역시 한 번에 깨쳐진다기보다 꾸준히 관련 기사를 읽고 정보를 찾는 가운데 쌓이는 것임을 기억하자.

04

지역 뉴스에 관심 두기

제법 뜨거운 햇볕이 내리쬐는 6월, 지혜 씨는 외출 준비로 분주합니다. 모처럼 친정 나들이를 할 생각입니다. 아니, 친정 나들이는 핑계이고 사실은 말도 많고 탈도 많았던 세종시의 국책 사업에 대한 결정이 지어진 뒤 처음으로 열린 '세종시의 상가 투자 설명회'를 다녀올 목적입니다. 마침 친정이 대전이니 내친김에 어머니의 얼굴도 뵙고 올 생각이고요.

아무래도 친정에서 가까운 곳이니 일찌감치 현장 분위기도 보고 마땅한 투자처가 있는지도 살펴볼 계획입니다. 차로 달리면 친정집에서 삼십 분도 채 걸리지 않는 가까운 위치에 행정도시가 들어서는 것이어서 동네 어르신들로부터 생생한 소식을 들을 수 있을 테니 일석이조입니다.

행사장에 도착하니 이미 수많은 인파가 모였습니다. 일찍 도착한 만큼 앞자리를 기대했는데 이미 행사장 내부에 사람들이 빼곡합니다. 첫 마을 2단계 아파트의 청약이 마감되었다는 대형 안내문이 걸려 있고 상가 분양에 관한 설명을 듣는 참가자들의 눈빛도 뜨겁습니다.

이 정도의 열기라면 상가 투자도 굉장히 매력적으로 다가서고, 대전에 계신 친정 부모님의 노후에 안정적인 수입도 마련될 수 있을 것 같아 기대가 됩니다.

한껏 기대에 부푼 지혜 씨, 직접 눈으로 세종시의 개발 현장도 보았으니 구체적으로 정보를 찾아봐야겠다고 다짐합니다.

그런데 세종시에 관한 정보를 어디서 얻으면 좋을까요?

우리 동네에 관련된 뉴스가 나오면 대부분의 사람들은 어디에 이 뉴스가 등장했는지, 언제 기사로 나왔는지 찾느라 분주합니다. 하지만 다시 한 번 묻겠습니다. 뉴스는 정말 뉴스일까요?

사실 우리 지역 최고의 정보통은 신문이나 텔레비전이 아닙니다. 바로 우리 지역의 행정기관입니다. 그렇다면 찾고 있는 세종시에 관한 정보는 어디서 찾을 수 있을까요?

세종시는 2012년 정식으로 출범 예정에 있습니다. 그러나 세종시에 관한 정보를 볼 수 있는 공식 홈페이지 '행정중심 복합도시 건

http://www.macc.go.kr

설청' 을 통해, 세종시의 단계별 개발 계획과 정확한 예정지의 범위

등을 알아볼 수 있습니다. ✴

북부지청, 지원 '중랑구 신내동 이전' 2003.1.6_한국경제

"서울 북부지원-지청 우리로" 노원-중랑-도봉 경쟁 2003.10.10_동아일보

서울북부지원 창동병원 자리로 이전 2004.1.30_매일경제

중랑-도봉구 북부법조타운 유치전 2004.3.13_헤럴드경제

[서울]"법조타운 유치" 지자체 경쟁 뜨겁다 2004.3.16_세계일보

동 · 북부지법 이전터 송파 · 도봉구로 확정 2004.5.19_한겨레

[부동산] 법조 · 행정타운 이전지 들썩 2004.6.1_서울경제

서울 도봉동 '법조타운' 내일 첫 삽 2007.6.3_뉴시스

드림랜드·뉴타운… 호재 많은 강북지역 빛 볼까? 2007.10.20_매일경제

북부법원 이전 2010.5.24

우리 지역과 관련된 뉴스가 신문의 지면에 오르거나 텔레비전에서 우리 동네의 풍경이 보이면 잠시 잊고 있던 지역의 개발 소식에 관심이 쏠리게 된다. 그리고 이 뉴스는 작거나 큰 모임에서 주요 관심사로 누구나 한두 마디쯤은 아는 이야기를 꺼내게 되는데, 재미있는 사실은 똑 부러지게 뉴스의 출처를 밝히거나 결론을 내는 사람은 흔하지 않다는 것이다.

관심의 시작은 물론 널리 알려진 뉴스다.

그러나 컴퓨터를 켜면 인터넷 포털마다 쏟아 내는 무수한 뉴스들이 과연 정확한 정보를 전달하고 있는 것인지, 정보를 전달하는 형식을 취한 광고인지는 생각해 봐야 할 문제다. 그야말로 정보의 홍수 시대에 넘쳐 나는 정보와 광고들 속에 살고 있기 때문이다.

다행스러운 점은 객관적으로 비교적 정확한 사실만을 보여 주는 곳이 있다는 점이다. 바로 정부 기관에서 운영하는 각 기관별 사이트와 자기가 살고 있는 지역(시, 군, 구청 등)의 홈페이지 등이 그것이다. 특히 각 구청과 시청의 홈페이지에서는 지역의 유래와 규모

등 기본적인 사항부터 구정(시정)계획, 생활정보, 복지정보 등 다양한 카테고리를 통해 시나 구의 신년 계획과 목표, 동별 개발 계획, 재개발·재건축 계획과 진행 상황까지도 정확히 알 수 있는데, 꾸준히 정기적으로 구청(시청)의 홈페이지에 들러 항목별로 살피다 보면 뉴스에서 전달하는 정보의 질적 수준을 판단할 수 있게 된다.

또 투자뿐 아니라 내 집 마련의 기준에 있어서 점차로 중요성이 커지는 학군의 궁금증 역시 해당 교육청의 사이트를 통해 알아볼 수 있으며, 특히 개발이 검토되거나 진행되고 있는 지역이라면 초·중·고등학교의 배정 문제와 교육 시설 정도를 파악하는 것이 중요하다.

05

5분 거리의 미스터리

: 교통과 도로는 혈관과 같다

"딱 보면 모르겠어요? 이렇게 가까운 위치에 전철역과 버스 정류장이 나란히 있으니 얼마나 좋아요? 이만하면 최상의 위치라고 볼 수 있죠. 호호호……."

지혜 씨는 지도를 놓고 설명을 해 주시는 사장님의 말씀에 고개를 끄덕입니다.

이제 중개업소 사장님이 알려 주신 집을 보기 위해 함께 나섰습니다. 일단 한 번만 더 이사를 하면서 내 집 마련의 꿈을 키우자고 남편과 약속을 하고, 몇 군데의 중개업소를 다니다 오늘에야 괜찮아 뵈는 집을 찾았습니다. 어차피 이사를 하려면 도배며 장판, 싱크대까지 수리가 필요할 것 같습니다. 저녁에

퇴근하는 남편과 다시 한 번 방문하기로 하고 집으로 돌아오는 길에 다시 한 번 중개업소 사장님이 보여 주었던 지도를 떠올리며 '이만하면 지하철로 출퇴근하는 남편도 큰 불만은 없겠지.'라고 생각합니다.

그날 저녁, 지혜 씨는 남편과 약속한 시간에 지하철역에서 만났습니다.

"너무 멀면 아침 시간에 힘든데……." 말끝을 흐리는 남편에게 지혜 씨는 의기양양하게 말합니다.

"글쎄, 부동산 사장님 말씀도 지하철역에서 딱 5분이면 충분하다고 하시고 지도로 보여 주시기도 했는데, 보니까 그리 멀지 않더라고요. 지금 가 보면 되지."

남편의 팔짱을 끼고 낮에 보았던 집을 찾아가는데 이미 5분은 지났습니다.

"이 근처야?" 묻는 남편에게 "아니 조금만 더 가면 돼요."라고 대답은 하면서도 어쩐지 마음이 불편합니다. 부동산 사장님이 말한 5분, 5분이 자꾸 맴돌기만 합니다.

참 이상해요. 지도로 볼 때는 분명 거리가 가까워 보였는데……. 길이 낯설어서 그럴까요?

분명히 지도로 보았을 땐 가까운 거리였는데 실제로 걸어 보면 전혀 다른 길을 가는 느낌을 많이 받습니다. 평면으로 된 지도에서 눈대중으로 보는 거리는 역으로부터 목적지까지를 대부분 직선으로

이어 보기 때문입니다. 게다가 1:5,000 정도 축척의 지도는 먼 거리도 가깝게 느껴지게 합니다. ✸

그렇다면 요즘 인터넷 포털사이트에서 실제 거리도 재 볼 수 있도록 지도 서비스를 제공하는데 이건 어떨까요?

당연히 평면의 종이 지도를 살펴보는 것보다 오차는 적겠지요. 그러나 목적지까지 가는 길의 폭이 얼마나 되는지, 오르막길인지, 통행의 정도를 살피며 직접 걸어 보고 시간을 측정해 보면 더 좋겠지요. 직접 거주할 집이든 임대를 목적으로 한 집이든, 한 번의 결정으로 몇 년의 보유 기간 내내 영향을 받게 된다면 시간을 측정하며 실제로 걸어 보는 정도는 수고라 할 수도 없습니다. ✸

위치를 잘못 봤던 것도 아닌데 십 분 가까이 걸어서야 낮에 봤던 집에 도착했습니다. 남편은 별말 없이 '이게 5분이야?' 하는 눈빛만 보내는군요. 이쯤 되니 볼멘소리가 저절로 나옵니다.

"사장님, 낮엔 지도를 보며 5분 거리라고 하시더니 남편이랑 지하철역에서 만나 여기까지 오는 데 10분이나 걸렸어요."

"아이 참, 신랑이랑 데이트하며 느긋하게 걸었으니 그렇게 걸렸겠지…… 남자 걸음 5분이면 충분하다니까요……."

아니 이건 무슨…… 갑자기 남자 걸음이라니…….

어찌 되었건 함께 지도를 보고 판단을 잘못한 스스로의 탓이라 여기고, 오랜만에 남편과 데이트 삼아 집 구경 한 번 했다 하고

집으로 돌아오는 길, 머릿속엔 가득 고무줄처럼 늘었다 줄었다 하는 '5분' 이 지혜 씨를 잡고 놓지 않았습니다.

투자할 대상의 부동산에 따라 도로와 교통 상황 등을 살피는 기준은 약간씩의 차이가 있다. 아무래도 내가 직접 거주할 주택을 찾는다면 주차와 쾌적성에 상대적으로 관심을 두게 되고, 임대를 목적으로 한다면 대중교통의 편리함을 먼저 살피게 된다. 그러나 궁극적으로 도로 사정이나 교통의 편의성 등은 내 집 마련과 투자에 있어 공통된 주요 점검사항이다.

때로 상습적인 정체 구간에 인접한 지역을 피하는 경우가 있는데 오히려 이런 지역은 찬찬히 살펴볼 필요가 있다. 상습적으로 막히는 도로는 주민 불편 사항에 자주 오르내리게 되고 이러한 민원은 차후 교통 행정을 개선시킬 수 있는 강력한 무기가 된다. 결국 현재의 불편함은 해소될 것이니 미래의 가치를 살펴야 하는 투자의 입장에서는 긍정적 요소로 볼 수 있다. 다만 해당 지역의 시, 군, 구청 홈페이지를 방문해서 관련 소식을 확인해 보는 것은 필수이다.

특히 시, 군, 구청 홈페이지는 지방자치제도의 발달과 함께 비교적 구체적이고 뚜렷하게 지역의 발전계획안을 세워 보여 준다. 도로나 교통망의 업그레이드 소식은 해당 지역 주민이 지방 행정부를 평가하는 데에 큰 영향을 주는 까닭에 특히 자세한 안내를 하고 있으니 꼼꼼히 살펴봐야 할 것이다.

지하철역이 근처에 있다고 모두 역세권이라고 할 수 있을까? 적어도 서울과 수도권에서만큼은 그렇다고 할 수 없다.

지하철역과 버스 정류장이 잘 갖추어진 곳이야말로 투자의 필수 요건이라는 것은 삼척동자도 아는 사실이다. 그런데 흥미로운 사실은 투자를 검토할 만한 곳이라면 이미 웬만큼 교통 시설을 갖추고 있으며, 특히 서울과 수도권은 전 지역이 역세권이라 해도 무방할 만큼 지하철역과 버스 정류장이 없는 곳이 없다. 서울 및 수도권처

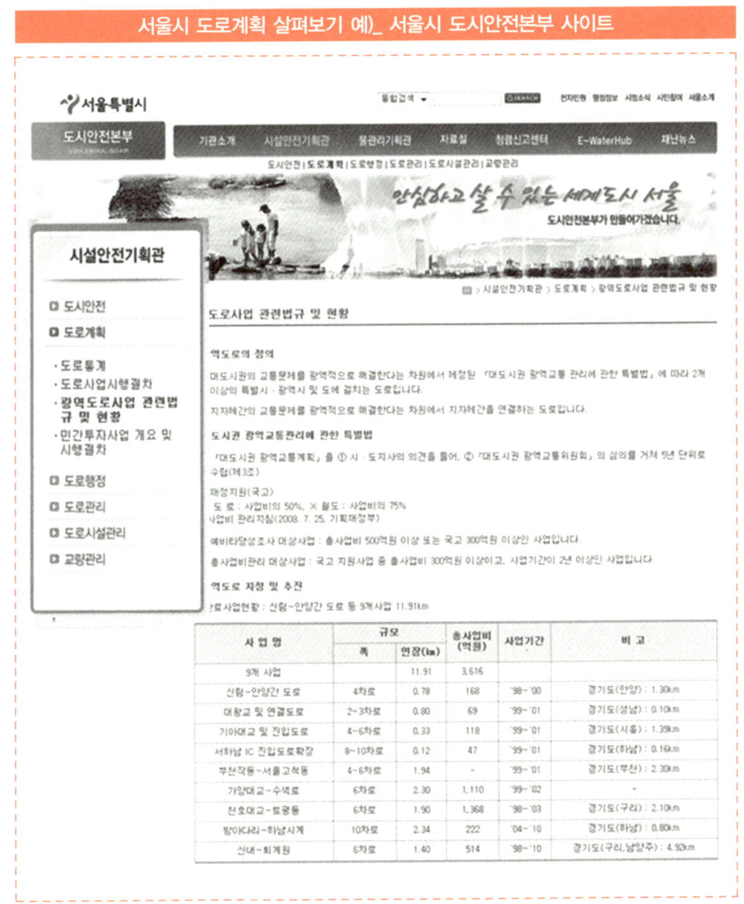

도로사업 관련법규 및 현황

광역도로의 정의

대도시권의 교통문제를 광역적으로 해결한다는 차원에서 제정된 「대도시권 광역교통 관리에 관한 특별법」에 따라 2개 이상의 특별시·광역시 및 도에 걸치는 도로입니다.

지자체간의 교통문제를 광역적으로 해결한다는 차원에서 지자체간을 연결하는 도로입니다.

대도시권 광역교통관리에 관한 특별법

「대도시권 광역교통계획」을 ① 시·도지사의 의견을 들어, ② 「대도시권 광역교통위원회」의 심의를 거쳐 5년 단위로 수립(제3조)

재정지원(국고)
도 로 : 사업비의 50%, ※ 철도 : 사업비의 75%
사업비 관리지침(2008. 7. 25. 기획재정부)

예비타당성조사 대상사업 : 총사업비 500억원 이상 또는 국고 300억원 이상인 사업입니다.

총사업비관리 대상사업 : 국고 지원사업 중 총사업비 300억원 이상이고, 사업기간이 2년 이상인 사업입니다.

광역도로 지정 및 추진

광역도로사업현황 : 신림~안양간 도로 등 9개사업 11.91km

사 업 명	규모		총사업비 (억원)	사업기간	비 고
	폭	연장(km)			
9개 사업		11.91	3,616		
신림~안양간 도로	4차로	0.78	168	'98~'00	경기도(안양) : 1.30km
대왕교 및 연결도로	2~3차로	0.80	69	'99~'01	경기도(성남) : 0.10km
기아대교 및 진입도로	4~6차로	0.33	118	'99~'01	경기도(시흥) : 1.39km
서하남 IC 진입도로확장	8~10차로	0.12	47	'99~'01	경기도(하남) : 0.16km
부천작동~서울고척동	4~6차로	1.94	-	'99~'01	경기도(부천) : 2.30km
가양대교~수색로	6차로	2.30	1,110	'99~'02	-
선호대교~토평동	6차로	1.90	1,368	'98~'03	경기도(구리) : 2.10km
방아다리~하남시계	10차로	2.34	222	'04~'10	경기도(하남) : 0.80km
신내~회계원	6차로	1.40	514	'98~'10	경기도(구리,남양주) : 4.90km

럼 지하철역과 버스 정류장 등이 잘 갖추어진 곳에서 관심을 두고 봐야 할 기준은 어떤 것일까? 바로 이용객 수다.

지하철 이용객 수를 살피면 크게 두 가지를 짐작해 볼 수 있는데 첫 번째는 실질적인 교통 시설의 이용량을 알아볼 수 있고, 두 번째

는 지하철역 주변의 주택 현황이나 임대 수요까지도 짐작해 볼 수 있다.

서울 메트로와 서울도시철도공사에서 제공하는 지하철 이용객 보고 자료에서는 일정 기간의 총 이용객 수뿐 아니라 매일 매 시간 단위의 이용객 수를 확인해 볼 수 있다. 특히 평일 오전 출근 시간 대와 퇴근 시간대의 승차 이용객 수와 하차 이용객 수를 보면 지하 철역을 중심으로 직장이 많은지 거주지가 많은지 등을 짐작할 수 있는데, 출퇴근 시간대에 특히 이용객이 많은 지역이라면 소형 주 택이나 오피스텔 등의 임대 수요가 충분하다고 보아도 무방하다.

그렇다면 시내버스, 마을버스와 광역버스 등의 이용객 수도 알 수 있을까?

버스의 이용객을 알 수 있는 자료를 제공하는 곳은 없다. 대신 버

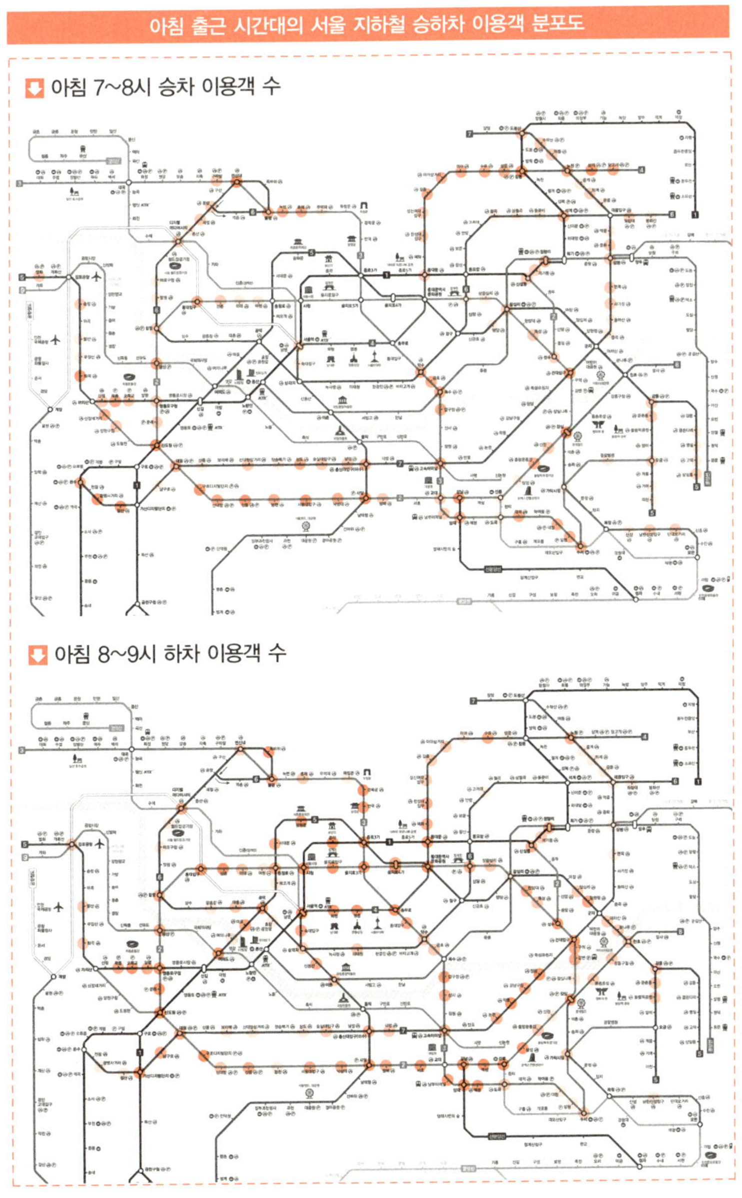

아침 출근 시간대의 서울 지하철 승하차 이용객 분포도
아침 7~8시 승차 이용객 수
아침 8~9시 하차 이용객 수

스 정류장에 버스 노선이 얼마나 되는지를 눈여겨보아야 한다. 정류장에 버스 노선이 많을수록, 마을버스 노선보다 도심으로 향하는 버스의 노선이 많을수록 더 높은 점수를 준다.

교통 시설이 확충되면 해당 지역의 부동산 투자에 긍정적 영향을 미칠 것이라고 대부분의 사람들은 생각한다. 그러나 반드시 그런 것은 아니다. 내가 투자하려는 물건의 특성에 따라 때로 부정적 영향을 줄 수 있다는 사실도 기억해야 한다.

예를 들어 대규모로 아파트 단지가 형성되거나 신도시의 건설로 지하철이 개통되는 등의 교통 인프라를 확충한 지역들을 보면 대체적으로 주거와 관련된 아파트, 주택 등에는 호재로 작용했지만, 기존의 작지만 알찬 상권은 교통망을 따라 인접한 대규모 상권에 밀려 상권 자체가 없어지기도 한다. 쉽게 말해 교통 여건의 개발 계획이 있는 지역의 상가 또는 상가주택의 경우 교통 인프라가 확충된 이후 오히려 수익률이 크게 떨어져 애물단지가 되는 경우도 있다. 내가 투자하려는 부동산의 종류에 따라 같은 개발 계획으로 입장이 상반된 투자 결과가 생길 수 있다는 사실을 잊지 말자.

전면 VS 코너 VS 주차
: 도로와 친한 집은 남다르다

지혜 씨 부부는 몇 군데의 집을 더 살펴본 뒤에야 겨우 마음에 드는 다세대주택을 마련했습니다. 남편의 바람대로 지하철역에서 그리 멀지 않은 위치에 자리한 비교적 깔끔한 다세대주택입니다. 한창 이사철인 탓에 전세 가격은 둘째 치고 마땅한 집도 구하기 어려웠는데 이만하면 최고로 집을 잘 구했다며 부동산 사장님이 흥을 돋웁니다.

사실 몇 군데의 집을 돌아다니며 지치기도 하고 워낙 전세가 귀하다는 부동산 사장님의 충고에 덜컥 집을 계약하고 만족하며 이사를 했지만 막상 이사를 하고 보니 뜻밖의 고충이 숨어 있었습니다.

지방에 계신 시부모님이 아들이 이사한 집을 보시겠다고 어렵게 오셨는데, 손수 운전을 하고 오신 시아버님이 벌써 30분째 지혜 씨의 집 주변을 맴돌며 주차할 자리를 찾고 계신 겁니다. 어차피 차가 없는 지혜 씨 부부에게 주차 문제는 고민이 아니었고, 마침 이사한 집의 일층에는 주차장이 있었기에 그리 신경 쓸 까닭이 없었습니다. 어렵사리 동네 입구의 공영 주차장에 차를 대고 시부모님과 함께 집으로 오는 길은……. 맙소사! 지하철역에서보다 더 거리가 멀었습니다.

가뜩이나 장거리 운전으로 고단하실 시부모님이 양손에는 잔뜩 짐을 들고 뒤를 따르고 있으니, 역시 두 손에 짐 보따리를 들고 앞서 가는 지혜 씨의 뒤통수는 한여름이 아닌데도 어찌나 뜨거운지 절로 땀이 흐릅니다.

차가 없는데 주차장은 왜 찾아요? 어차피 쓸 일이 없는데 어쩌다 오시는 부모님을 위해 굳이 비싸게 주차장이 있는 집을 구해야 하는 걸까요?

대중교통을 주로 이용하는 젊은 부부에게 반드시 주차장이 있는 집이 필요할까 하는 의문이 들지만, 저의 답은 '있으면 좋다.' 가 아니라 '반드시 있어야 한다.' 입니다. 그리고 주차장은 단지 '있다.' 가 아니라 반드시 '쓸 수 있어야' 합니다.

지금은 차가 없지만 앞으로 생길 수도 있고 나는 이 집에서 주차장을 쓸 일이 없지만 나중에 집을 빼서 이사를 하려고 할 때는 또 다릅니다. 새로 이사 들어올 사람이 차가 있다면 지혜 씨가 살고 있는 이 집은 그리 좋은 조건이 아니기 때문입니다. 당장 지혜 씨의 시부모님도 다음번의 방문에는 고심을 좀 하게 될 것입니다. 아들 내외에게 주고 싶어 싸 놓았던 반찬거리며 잡곡들도 추려야 할 테니 말이죠. ✱

상가주택이나 점포는 눈에 띄는 것이 좋을 테니 코너가 좋겠다지만, 과연 주택이 코너니까 더 좋다고 할 수 있을까요? 너무 유난스럽다는 생각이 들기도 하는군요.

동네 사정이 다 비슷해도 집을 고르는 우선순위가 있습니다. 먼저 주택과 인접한 도로의 목을 살펴보는데 일일이 도로 폭을 재지 않더라도 마주 오는 두 대의 차가 지나갈 수 있는 정도면 합격점을 줍니다. 이 정도의 도로 폭이면 길 한쪽에 주차를 했더라도 다른 차의 통행이 가능하고 주차장에 주차하기도 편리하기 때문입니다.

그리고 상가는 아니지만 코너에 위치한 주택은 주차장의 진입이 훨씬 편해서 실질적으로 주차장의 공간을 활용할 수 있기 때문에 비록 내 집이 아니라 임대를 하더라도 골목 중간에 위치한 주택에 비해 가치가 있습니다. ✱

서울의 경우 아주 오래전에 지어진 단독주택 지역이 아니라면 대체로 주차장이 없는 집은 찾아보기 어렵다. 그런데 지하철역과 버스 정류장 등이 있는 큰 도로를 벗어나 주택 지역으로 들어서면

골목의 폭이 좁은 까닭에 주차장이 있어도 무용지물인 경우가 많다. 특히 소형 다세대주택과 도시형 생활주택 등이 인기를 얻으며 수익형 부동산으로서의 관심도 높아지고 있는데, 도로의 폭은 주차와 통행에 큰 영향을 끼치므로 반드시 직접 걸어 보고 눈으로 확인해야 한다. 1~2사람이 사는 소규모의 다세대나 원룸형 주택이라도 주차의 편리성 여부에 따라 임대료 즉, 수익률의 차이가 크다.

주차장이 잘 갖추어져 있지 않다면 근처에 공영 주차장이 있는
지, 거주자 우선주차시설을 편리하게 쓸 수 있는지 등을 확인해야
하고, 이왕이면 담벼락이 도로에 길게 접해 있는 주택을 선호하게
되는데 위와 같은 맥락으로 볼 수 있다.

07

절정의 아이템은 잠시 이별한다

: 개성이 돋보이는 패션과 세련된 부동산
투자 시점의 포인트는 한발 앞서 가기!

여고 시절부터 풋풋한 대학 생활을 지나 결혼을 하기 전까지 지혜 씨와 미숙 씨는 어디를 가나 청년들의 눈길을 끄는 매력 만점의 아가씨들이었고, 꾸미지 않은 듯 자연스러운 옷맵시는 이 단짝 친구의 매력을 돋보이게 했습니다. 결혼을 하고 난 뒤에도 이 친구와는 결코 뗄 수 없을 것처럼 친한 사이였지만, 맞벌이로 바빴던 신혼 시절과 아이를 낳아 키우며 주부의 역할에 충실했던 시간은 몇 년의 세월이 쏜살처럼 지나서야 겨우 동창 모임을 핑계로 반가운 얼굴을 볼 수 있었습니다.

설레며 기다렸던 지난 3월의 동창 모임에서 미숙 씨와 지혜 씨는 지난 시간의 틈새라고는 찾아볼 수 없이 여전히 둘도 없는 단짝으로 만나 지난 이야기들로 꽃을 피웠습니다. 서로를 가리키며 별수 없이 아줌마가 되었다고 웃으면서도 남편 자랑과 아이 이야기로 시간 가는 줄 몰랐습니다.

다시 만날 기약을 하고 헤어진 뒤 지혜 씨는 없던 고민이 생겼습니다. 3월이라고 해도 아직은 기세등등한 꽃샘추위에 겨울 외투로 감싸고 나갔던 지난 모임에 눈이 번쩍 뜨이도록 세련된 모습을 하고 나타난 단짝 친구 미숙 씨 때문입니다. 특히나 베이지의 트렌치코트에 가볍게 걸친 화사한 스카프는 일행 중 가장 돋보이는 아이템이었습니다.

옷장 문을 열었다 닫기를 몇 번……. 지혜 씨는 큰맘 먹고 세일이 한창인 백화점으로 향합니다. 유행하는 아이템이어서 그럴까요? 매장마다 가지각색의 트렌치코트가 즐비합니다. 그러고 보니 길 위에도 트렌치코트를 입은 사람들이 눈에 자주 뜨입니다.

'대세가 트렌치코트인데 나도 하나쯤 있어야 하지 않을까?'

'아니야, 곧 여름인데 지금 트렌치코트를 사서 며칠이나 입겠어, 그리고 한두 푼도 아닌데 장만해서 내년에도 멋스럽게 입을 수 있을까?'

"그래, 결심했어."

지혜 씨는 몇 번이나 망설이며 입어 봤던 하늘색 트렌치코트를 쇼핑백에 담고 조금 전까지의 고민은 말끔히 잊은 채 집으로 돌아왔습니다.

그리고 며칠 후 햇살이 화사한 어느 봄날, 지혜 씨는 정성껏 화장을 하고 밝은 원피스 위에 하늘색 트렌치코트를 겹쳐 입은 뒤 멋 부리지 않은 듯 세심하게 신경을 써서 꾸미고 동창 모임에 도착했습니다. 두 달여 만에 만난 친구들과 반갑게 인사를 하고 자리에 앉아 맛있게 식사를 하고 차도 한잔 하면서 웃음이 끊이지 않는 즐거운 시간을 보냈지만 집으로 향하는 지혜 씨의 기분은 바람 빠진 풍선처럼 심드렁해지고 말았습니다.

동창 모임에 나온 여러 친구들의 화사한 옷차림새에 묻혀 나름 멋 부려 차려입은 원피스는 눈에 띄지도 않았고 하늘색 트렌치코트는 이미 몇몇의 친구들이 입고 온 각색의 트렌치코트에 묻혀 그저 그런 차림새가 되어 버렸습니다. 모임에서 지혜 씨를 돋보이게 해 주리라 기대했던 트렌치코트는 일찍 더워진 날씨에 오히려 답답해 보이기까지 했으니 전업주부로 매진한 세월에 센스 있던 패션 감각도 무디어진 것인가 하며 잠시 쓸쓸한 생각이 들기도 하는 것입니다.

지금도 장롱을 열면 몇 번 입지도 못할 트렌치코트에 내가 왜 그리 욕심을 냈을까 싶다니까요. 그건 그렇고 급매물의 여왕님, 부동산 투자 이야기를 하다가 괜스레 돈 쓰고 맘 상했던 얘기는 왜 꺼내세요?

유행은 사전적 의미로 특정한 행동 양식이나 사상 따위가 일시적으로 많은 사람의 추종을 받아서 널리 퍼지는 것, 또는 그런 사회적 동조 현상이나 경향을 이른다고 합니다. 그리고 유행이라고 하면

흔히 패션이나 음악을 떠올리게 되지만 가만히 살펴보면 유행은 사회 전반에 폭넓게 적용되고 있다는 것을 알게 됩니다.

바로 부동산 투자에도 유행이 있다는 것이지요. 최근 몇 년은 부동산 경기가 좋지 않다는 기사나 전문가의 칼럼과 함께 아파트나 다세대주택 등의 매매가 줄었다는 통계 기사가 자주 보입니다. 그러나 한편으로는 오피스텔이나 도시형 생활주택의 분양시장과 매매 거래가 활발하다고 전해지며 수익률 또한 양호하다는 기사가 많아졌지요. 즉 부동산 역시 시장 전반의 경기와 상관없이 부동산 아이템에 따라 유행이 있다고 볼 수 있습니다. ✽

부동산에는 상가나 오피스텔 등의 상업용 부동산이나 다세대, 다가구주택과 아파트 등의 주거용 부동산, 재개발·재건축, 토지에 이르기까지 종류가 무척 다양하다. 그러나 부동산에 투자한다는 것은 투자하는 부동산의 종류가 무엇이건 매매에 따르는 시세 차익이나 매월 입금되는 임대료 등의 수익을 기대하는 것이라는 공통점을 가지고 있다.

아무리 적은 돈으로 부동산에 투자한다고 하더라도 부동산에 투자한다는 것은 목돈의 쓰임새를 결정해야 하는 것이기 때문에 혼자만의 생각으로 덥석 구입하기는 어렵다. 이론적으로야 투자할 부동산에 대해 지역 정보나 개발 재료에 대한 사전조사를 하고, 미래에 대한 가치 등을 분석하고 평가하여 투자 여부를 결정하면 된다고 하지만 과연 망설임 없이 쿨하게 결정을 할 사람은 몇이나 될까.

　해는 바뀌어도 봄, 여름, 가을, 겨울의 사계절이 있는 것처럼 부동산 역시 경기가 좋은 호경기(好景氣)를 지나 후퇴기를 거쳐 불경기(不景氣)에 다다르고 다시 회복기를 지나 호경기를 맞아 순환을 하는 흐름을 가지고 있다. 그리고 이러한 큰 흐름과 함께 정책의 방향이나 금리 등의 영향을 받아 부동산 투자에서도 선호되는 아이템이 바뀌게 된다.

　부동산 경기의 흐름과 아이템의 선호도에 따라 부동산 가격의 고점과 저점이 있는데 중요한 것은 역시 때를 잘 맞추어 투자를 해야 한다는 것이다. 투자의 시점에 따라 예상보다 빠른 수익이 날 수도 있고 오랜 기다림을 감내해야 할 때도 있다. 우연히 불경기의 끝자락에 부동산을 구입한 뒤 회복기와 호경기를 맞이하게 되면 짧은 시간 안에 가격이 오르는 것을 피부로 느낄 수 있어 저절로 콧노래가 나오고 자신감이 충만하게 된다.

　국민은행의 「전국주택가격동향조사」 연도별 주택 매매 가격 증감률의 통계 자료를 통해 부동산 가격의 흐름을 실제로 살펴보자.

전국주택가격동향조사표							
	2004	2005	2006	2007	2008	2009	2010
전국	-2.1	4	11.6	3.1	3.1	1.5	1.9
수도권	-2.9	5.1	20.3	5.6	5	1.2	-1.7
서울	-1.4	6.3	18.9	5.4	5	2.7	-1.2

단위: %

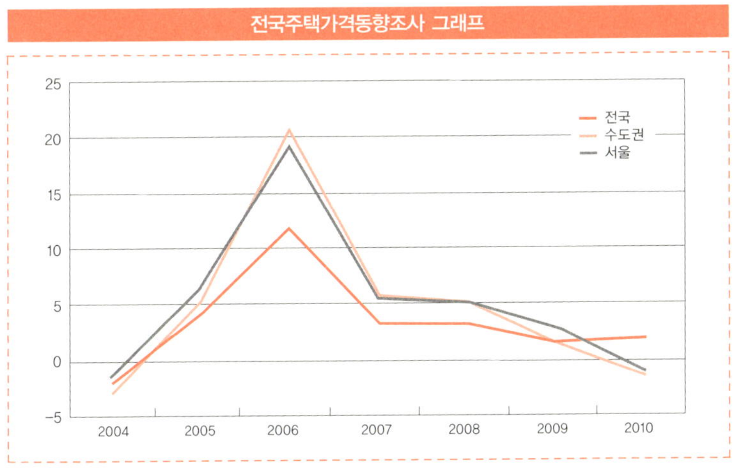

*전국의 주택을 모집단으로 하여 통계 추출한 20,355개(아파트 16,530개, 단독주택 2,208개, 연립주택 1,617개)를 조사 대상 표본지로 선정하여 조사한 조사통계−매매사례비교법에 의하여 조사된 가격을 해당 지역 부동산 중개업소에서 직접 온라인상 조사표에 입력하는 자계식 조사를 기본으로 하고 온라인 조사가 불가능한 부동산에 한하여 전화 또는 팩스로 조사하였음

통계에 따르면 외환위기 직후인 1998년 12.4%의 큰 폭으로 감소했던 주택 가격은 이후 상승 추세를 지속하여 2002년에는 증가율이 16.4%에 이르렀지만 부동산 정책이 강화된 2004년에는 하락세로 전환되었다.

그러나 2005년에는 저금리 기조가 지속되며 금융자산보다 부동산 투자에 대한 상대적 기대감과 함께 서울 및 수도권의 주택 보급률이 낮은 것이 요인이 되어 거래량과 함께 가격의 상승률이 높아졌다. 2006년에는 정부의 각종 규제 강화와 금리 인상에도 불구하고 전세물량 부족과 아파트 분양가 상승, 뉴타운과 재개발, 재건축 등의 호재로 상승폭이 크게 확대되었다. 이후 2007년도 주택 가격은 부동산 제도 변화와 대출 규제, 세 부담 증가, 금리 인상 등의 여러 요인에 따른 관망세로 연간 3.1% 상승하여 지난해 같은 기간에 비해 상승폭이 둔화되면서 안정세를 보이게 된다.

2008년에는 부동산 규제 완화와 지역 개발 호재, 글로벌 금융위기와 공급 물량 증가 등의 요인으로 상승과 하락이 교차하면서 지역별 차별화 현상이 심화된 가운데, 전년 말 대비 3.1% 상승하며 2007년에 이어 상승폭이 둔화되었다.

1년 뒤인 2009년 상반기의 부진하던 상승률은 경기 호전에 대한 기대감과 가을 이사철을 앞둔 계절적 수요 증가로 하락폭을 만회하는 듯했지만 지난해에 비해 상승률의 폭은 매우 낮았다. 그리고 2010년 부동산 경기 침체 장기화에 대한 우려로 매수심리가 크게 위축되며 전국의 주택매매 가격은 수도권을 중심으로 2, 3분기에 하락한 모습을 보였고, 2011년 7월 전국의 주택매매 가격은 지방을 중심으로 상승세를 이어 가고 있지만 상승폭은 다소 둔화되었고 서울과 수도권은 보합세를 유지하고 있다.

전반적인 부동산 경기의 침체 속에서도 몇몇의 부동산 아이템들은 부동산 뉴스에 심심찮게 등장하며 부각되었다. 2009년에는 오피스텔과 상가 등이 부동산 투자의 중심 아이템으로 인기를 끌었으며, 2010년부터는 도시형 생활주택과 원룸, 오피스텔 등 이른바 임대사업을 겨냥한 수익형 부동산들이 중심 아이템으로 등장하고 있는 것이다.

그렇다면 계절처럼 순환하는 부동산 경기의 흐름을 보며 부동산 투자자로서 주의할 점은 무엇일까? 이론적으로는 부동산의 침체기나 회복기에 투자를 해서 호경기에 이익을 실현하면 된다는 결론을 낼 수 있지만, 구입과 처분의 시기를 정확히 판별할 사람은 아마 없을 것이다. 그러나 운 좋게 침체기의 끝자락에 주택을 매수해서 바로 이어진 회복기와 부동산의 호경기를 맞이하게 되면, 대부분 부동산 투자자들은 경기의 흐름이 맞아떨어진 것에 대한 감사보다는 스스로의 혜안에 취해 부동산 투자에 자신감이 충만해지는 것이다.

이때가 중요하다. 부동산 투자자는 이미 확보한 시세 차익에 대해 이익을 실현할 것인지 혹은 장기 보유로 수익률을 키워 갈 것인지의 판단을 해야 한다. 활발한 거래량이나 상승하는 가격에 흥분해서 무리하여 부동산을 구입하거나 더 높은 가격에 팔겠다는 욕심으로 매도 시기를 놓치는 우를 범해서는 곤란하다.

거꾸로 거래량과 매매 가격이 떨어지고 곳곳에서 경기 침체의 우려가 기사화된다면 신중하게 주변을 살펴볼 필요가 있다. 커다란 부동산 경기의 흐름 중 어느 단계에 서 있는지, 다음 단계로 가는 기간이 얼마나 걸릴지 명확히 알 수 없지만 적어도 상승기의 가격 혹은 고점에서 매수를 하여 마음고생 하는 일은 없을 테니 말이다.

뜨거운 여름날엔 뭐니 뭐니 해도 시원한 팥빙수와 냉면이 제격이고 추운 한겨울에는 따끈한 어묵 국물과 호호 불어 먹는 찐빵이 제맛이다. 부동산 경기를 따끈하게 달구는 아이템을 가지고 있다면 그 열기에 동참하기보다는 냉정하게 수익을 확인해 보고 이별을 준비하는 지혜를 갖자.

부동산 투자일까? 투기일까?

: 목표 수익의 기준을 세우자

지혜 씨는 오늘 미숙 씨와 함께 부동산 사무실을 가 보기로 했습니다. 아직은 여윳돈도 경험도 없어 살 집을 구하러 갈 때를 제외하고는 부동산 사무실을 갈 일이 없었는데, 종잣돈으로 투자할 만한 물건을 찾는다는 미숙 씨에게 부동산 사무실에서 좋은 물건이 나왔으니 보러 오라는 연락을 했다는군요. 어차피 부동산 투자에는 두 사람 다 초보인 셈이지만 서로가 의지가 되어 함께 부동산 사무실을 방문하기로 했습니다.

미숙 씨가 부동산 사장님께 추천받은 물건은 지하철역에 인접한 15평형의 오피스텔입니다. 매매가가 1억 3천만 원에 보증금 천만 원, 월세 75만 원은 무난히 받을 수 있다는 오피스텔은 시세보다 싸게 나온 것이라는 공인중개사님의 추천도 빠지지 않았습니다.

깔끔한 인테리어에 세탁기와 냉장고, 에어컨까지 갖추어진 오피스텔이 지혜 씨의 눈에는 그럴듯해 보였는데 미숙 씨는 생각이 다른 듯 표정이 썩 밝지 않습니다.

"아이 참, 답답한 말씀을 하시네요. 요즘이 어디 예전처럼 자고 일어나면 가격이 팍팍 뛰는 시절도 아니고…… 부동산 투자하면서 곱절씩 이익 내기를 바란다면 그거야말로 투기지, 그렇지 않아요? 로또도 아니고……."

공인중개사님의 차분한 설명에 미숙 씨는 야무지게 반박을 합니다.

"그렇지만 수익률이 7~8%라면 이게 무슨 대박 상품이에요? 조그만 빌라를 1억에 사서 지금은 매매가가 2억이 되었다는 친구들이 한둘이 아닌데, 부동산 투자를 했다 하면 그만큼은 아니더라도 한 50%는 수익이 나야 되는 거 아녜요?"

어라? 듣고 보니 미숙 씨의 말도 일리가 있네요. 부동산 투자를 해서 돈 벌었다는 사람들의 얘기를 들어 보면 곱절로 벌었다는 얘기가 심심치 않은데, 수익률이 10%도 되지 않는다는 오피스텔이 정말 그럴듯한 부동산 투자 상품이라고 할 수 있나요?

여기서 질문을 하나 드리고 싶습니다.

최근 시중의 은행들에서 고객에게 제시하는 수익형 저축상품의 최고 금리는 얼마나 될까요? 은행마다 차이는 있지만 비교적 금리가 높게 정해지는 장기저축상품의 경우에도 최고 금리가 4.3%를 넘어서는 상품이 없습니다. 게다가 세전 이율이니 소득세 등을 공제하면 4.0% 이상의 저축상품은 없다고 봐도 무방합니다.(2011년 8월 기준)

대부분의 저축상품은 2~3.9% 이내의 범위에서 구성되어 있고 만약 세후 수익률이 4% 정도 나온다면 최고의 금융상품으로 대접받으며 지혜 씨도 미숙 씨도 망설임 없이 선택을 하시리라 생각됩니다. 저 역시 그러니까요.

그런데 우리는 은행 금리 4%에는 감동하면서 부동산의 수익률은 곱절은 되기를 바랍니다. 아마도 부동산 경기의 흐름에 따라 부동산 가격이 급등했던 반복적인 경험의 탓은 아닐까요? ✺

목표 수익의 기준을 생각하면 먼저 부동산 투자와 부동산 투기의 차이점은 무엇이고 내가 하는 것은 투자일까 혹은 투기일까 하는 생각부터 정리해야 할 필요성을 느낀다.

부동산용어사전(방경식_강원대학교 교수)으로 본 부동산 투자와 부동산 투기의 차이점은 다음 장의 표와 같다.

부동산 투자와 투기(용어정리)	
부동산 투자	**부동산 투기**
1 실수요자의 행위	가수요자의 행위
2 임대 아파트 · 점포 · 빌딩 등 수익성 용도의 자산 중 경제부담력과 관리 가능한 양(量)에 금전을 투입한다.	땅값이 낮은 미성숙지 등을 필요량 이상으로 구입한다.
3 이용 · 관리할 의사가 있다.	이용 · 관리할 의사가 없다.
4 예측 가능한(기대하는) 정당한 이익이 목적이다.	예측 불허하는(불합리한 기대심리) 양도차익이 목적이다.
5 시장가격이 형성되며, 그것으로 거래한다.	투기가격으로 거래한다.
6 충분한 기간 동안 소유한다. (held for a substantial period)	보유기간이 단기간이다.
7 단기적(in and out)인 투기거래보다는 윤리적으로 고상(ethically superior)하고 금융적으로 득이 된다(more financially rewarding).	전매로 이익을 실현시킨다.
8 시장을 조사하여 안전성 · 합리성을 추구한다.	시장조사를 하지만 모험적 · 도박적 금전투입을 감행한다.
9 대상 부동산이 자기나 타인에게 기여(利用)한다.	대상 부동산이 소유될 뿐 자기나 타인에게 기여하지 못한다.

부동산은 투자와 투기를 동시에 떠올리게 한다. 부동산 투자를 한다고 하지만 마음속 깊이 투기에 대한 미련이 남아 있다. 미묘한 차이지만 부동산을 통해 기대 이상의 높은 수익을 챙기겠다는 생각이 자리를 잡고 있는 까닭이다.

당연히 부동산 투자는 수익을 전제로 해야 하며 기대 또는 예상 수익에는 목표가 있어야 한다. 그리고 기대 수익의 목표를 잡을 때

경기 변동이나 금리의 변화, 정치·경제적인 시장 상황에 대한 리스크를 감안해야 한다는 것은 거의 모든 전문가들의 공통된 의견이다.

더불어 지난 시간들처럼 부동산의 가격이 폭등하리라는 기대감은 버리고, 보수적으로 접근해야 한다는 사실을 전제로 두고 검토해 보자.

전문가들의 모범적인 제안처럼 부동산 투자에 수익의 기대치나 목표치를 세우는 것이 복잡하고 난감하다면 쉽게 생각해 보자.

부동산을 투자 목적으로 구입한다면 대부분의 경우 2년 이상의 보유를 계획하고, 수익을 위해 시중에 나와 있는 금융상품 만기 역시 최소 2년이다. 그렇다면 최소 투자 기간을 2~3년으로 보고 이 기간 동안 금융상품과 부동산에 투자했다는 가정 하에 수익률을 비교해 보는 것도 좋은 방법일 것이다.

예를 들어 투자 원금이 1억 3천만 원이라고 할 때, 은행의 저축상품과 일반채권, 주식과 부동산에 3년간 투자했다면 수익률과 예상 수익금은 얼마나 될까?

투자 상품 비교				
구분	은행금리	일반채권	코스피200	오피스텔임대
수익률	연 3.75%	13.88%	17.63%	연 6.92%
예상수익금	14,625,000원	18,044,000원	22,919,000원	27,000,000원

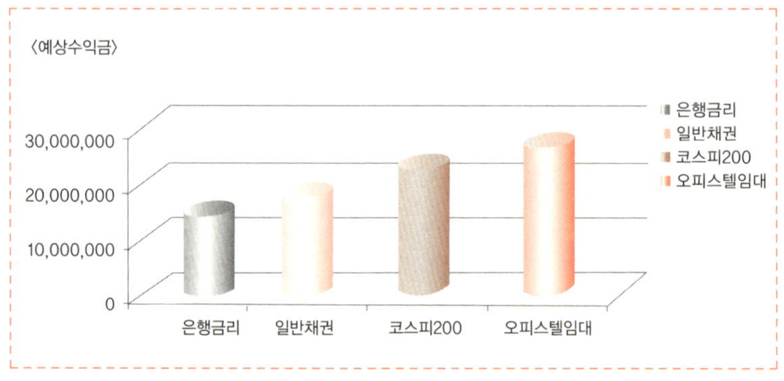

* 2011년 8월을 기준 시점으로 은행 금리는 전국은행연합회의 3년 만기 저축상품의 상위 평균 금리를 기준으로, 채권과 주식투자 수익률의 기준은 각각 일반채권과 코스피200의 3년 수익률을 기준으로 삼았다.

* 오피스텔의 경우 투자 원금은 취득세와 경비 등을 제외한 금액으로, 수익률은 매매 차익을 배제한 임대료만을 수익금으로 삼았다.

단순히 수익금을 비교해 보아도 오피스텔을 매수하여 임대하는 것이 예상 수익금이 높았다.

그리고 이 예상 수익금에 계산되지 않은 부분이 있다는 것을 기억하자. 대부분의 사람들이 매매 차익만을 부동산의 수익이라고 의식하는 경우가 많은데 바로 위의 예상 수익에는 매매 차익이 배제되어 있다.

오피스텔을 매수하는 시점으로 돌아가서 생각해 보자. 시세보다 싼 급매물을 구입하여 수익률을 예상했다면 부동산의 경기에 비교적 자유로울 수 있다.

이제부터는 즐거운 상상이다.

투자했던 부동산을 매도하는 시점이 마침 부동산 경기가 정상화를 찾거나 상승기에 접어드는 시기에 맞물렸다고 가정해 본다. 그래서 보수적으로 세운 목표 수익률 이외의 시세 차익 등이 발생한다면 그야말로 추가 이익금은 보너스가 된다. 게다가 확률 또한 비교적 높으니 이것이 바로 로또가 아닐까?

잊지 말아야 할 것은 확률이 높다고 해서 기대치에 넣어서는 곤란하다는 사실이다. 투자에 대해 기대 수익(예상 수익)을 책정할 때 경기 변동이나 금리의 변화, 정치·경제적인 시장 상황에 대한 리스크 등을 정확히 감안할 수는 없지만, 최대한 기대치를 낮추어 세운 계획이야말로 이 모든 리스크를 감안한 것이라고 말할 수 있다.

09

확인, 또 확인!
: 급하게 사야 할 물건 vs 급하게 팔아야 할 물건

외출 준비를 하던 지혜 씨에게 전화가 한 통 걸려 옵니다. 일전에 방문했던 바로 그 부동산 사무실입니다. 인사를 하고 용건을 물으니 첫마디가 아주 좋은 급매물이 나왔으니 보러 오면 좋겠다는 내용입니다. 어차피 약속이 있는 지혜 씨는 돌아오는 길에 부동산 사무실을 들르기로 마음먹고 시간 약속을 했습니다.

부동산 사무실의 사장님은 자세한 내용도 없이 무조건 사무실로 와 보랍니다. 한껏 흐뭇해하는 부동산 사장님의 목소리 탓인지 지혜 씨는 볼 일을 보는 내내 가벼운 흥분에 마음은 이미 부동산 사무실로 가 있습니다.

"좋은 물건이 뭐예요?" 마음 급한 인사에

"볼 것도 없이 아주 좋은 조건의 빌라가 하나 나왔지 뭐예요? 제일 먼저 생각나서 전화 드렸지……. 이번 기회에 아예 내 집 장만을 한다면 금상첨화이고……. 호호……."

아닌 게 아니라 부동산 사장님이 소개해 준 빌라는 지혜 씨의 마음에 드는 구석이 많습니다. 2억 원 정도로 알고 있던 시세보다 3천만 원이나 싼 1억 7천만 원의 매매가에 빈 집이라 언제든 이사할 수 있는 다세대주택의 2층입니다. 방문해 보니 도배와 장판 정도만 교체하면 지혜 씨가 직접 이사를 해도 좋을 것 같습니다. 게다가 지금 살고 있는 전셋집보다 지하철역에서도 훨씬 가깝고 공영 주차장과의 거리도 가깝습니다.

"…집주인이 워낙 급하게 파는 집이라 가격이 싼 대신에 바로 계약을 했으면 하는데 괜찮겠죠? 봐서 알지만 집 상태 좋고 집값 싸고 등기부등본도 확인해 봤으니 문제 될 것이 없어요. 당장 계약합시다……."

"그렇지만 지금 살고 있는 전셋집도 빼야 하고, 남편과 상의도 해 봐야 하는데요……."

"아이 참, 답답하기는……. 계약서를 쓰면서 누가 집값을 전부 내라고 하나요? 계약금이라야 10%인데 일단 계약을 하고 잔금 준비를 하면 되지. 만에 하나 일정 맞추기가 힘들다면 빈 집이니까 일단 전세를 주고 차후에 이사를 해도 되고……. 우선은

이 물건을 놓치지 말아야지, 그렇지 않아요?"

당장이라도 계약하고 싶은 마음이지만 급할수록 돌아가라는 말을 떠올리며 차근차근 따져 보리라 생각하는 기특한 지혜 씨입니다. 남편의 퇴근 후에 함께 의논을 해 보자 하며 설렘을 안고 등기부등본을 살펴보고 낮에 방문했던 집의 내부를 떠올리는데 부동산에서 연락이 왔습니다.

"뭘 망설이고 있어요? 이런 급매물이 쉽게 나오는 것도 아닌데 일단 계약부터 해야지. 오늘 중으로 결정을 주지 않으면 다른 매수자를 대려고 하니까 이해해 줘요. 나도 이런 좋은 조건의 물건을 다른 부동산에 뺏길 수는 없잖아요."

부동산 사장님의 말씀처럼 급매물이 쉽게 나오는 것은 아닌데 일단 계약부터 해야 옳지 않나요?

맞습니다. 분명히 시세보다 저렴한 급매물은 쉽게 나오는 것이 아닙니다. 그러면 이 급매물의 주체는 누구일까요? 당연히 집주인입니다. 그리고 어떤 사정이 있든 자기가 소유하는 집을 싸게 팔려는 집주인은 없습니다.

급매물일수록 급매물이라는 말 자체에서 주는 가격적 매력에 어떤 문제점이 있을 수 있는지 충분히 확인할 필요가 있습니다. ✱

등기부등본도 확인했고 집 상태도 보았는데 별 문제점이 없었어요. 더 무엇을 살피죠?

지혜 씨의 경우 계약금은 준비가 되어 있지만 현재 살고 있는 전셋집을 빼서 이사를 할 것인지의 여부를 우선 검토해 봐야겠지요.

대부분 급매물의 거래는 정상적인 물건의 거래에 비해 잔금일이 짧은 것이 특징입니다. 잔금일에 맞추어 지혜 씨가 살고 있는 전셋집이 빠진다면 다행이지만, 혹시 잔금 납부까지 전셋집이 빠지지 않게 되면 부득이 대출을 발생시켜야 할 수도 있겠지요.

이렇게 되면 매수에 들어가는 비용과 집수리 비용 외에도 만기 전에 전셋집을 빼는 중개 수수료에 이사 비용, 대출이자 및 비용 등이 추가로 발생하게 됩니다.

무리한 일정으로 인해 예상치 못한 비용이 발생한다면 비록 매매 가격은 급매물이라고 해도 결과적으로 그리 싸게 구입한 것이 아닐 수 있습니다. ✿

'급매물'이라는 말은 매수자의 입장에서 보면 말 자체로 프리미엄을 갖고 있다. 일단 시세보다 싸다. 시세보다 싸기 때문에 사는 순간부터 시세 차익을 안고 있는 셈이다. 이 점은 급매물의 가장 큰 매력이기도 하지만 동시에 가장 주의 깊게 살펴야 할 대목이기도 하다.

언급했던 것처럼 급매물은 대체로 계약일로부터 잔금일까지 기간이 짧은 경우가 많은데 대부분 매도자의 요청에 의한 것이다. 싸게 산다거나 짧은 일정으로 매수를 한다고 해서 투자를 위한 기본 원칙을 간과해서는 곤란하다.

매도인이 어떤 이유로 자신의 부동산을 급매로 처분해야 하는지 파악하고 서류상의 문제점과 실제 부동산의 물리적 문제점은 없는지 확인해야 한다. 반드시 기억해야 할 사실은 급매물은 급하게 파는 물건이지 급하게 사는 물건은 아니라는 점이다.

이렇게 말하면 반드시 이렇게 되묻는 독자가 있을 것이다.

"급매물은 흔한 것도 아니라면서 그렇게 느긋하게 이것저것 재다가 급매물을 놓치게 되면 투자 자체를 해 보지 못하게 될 텐데, 그 점에 대한 생각은 안 하십니까?"

분명히 급매물은 정상 매물에 비해 숫자가 적다. 그리고 부동산 경기 상황에 따라 급매물이 많은 시점과 급매물이 귀한 시점도 있다. 급매물이 귀해서 급매물 투자를 하지 못하게 될 것이 염려스러운 시점이라면, 아마 부동산 경기가 전환되어 상승기로 접어들거나 호경기의 시점일 것이다.

주위에서 눈을 크게 뜨고 찾아봐도 급매물이 없을 때는 굳이 급매물을 찾기 위해 애쓸 필요가 없다. 오히려 보유하고 있는 부동산 중에서 어느 정도의 수익이 발생한 물건이나, 아이템을 갈아타기 위해 고민하고 있던 부동산이 있다면 이때를 노려 매도를 검토해야 한다. 매도 가격? 무리해서 욕심 부릴 필요가 없다. 시세보다 조금만 낮추어 내놓아도 바로 내 물건이 급매물이 되어 편안하게 매도할 수 있기 때문이다.

아군인가, 적군인가?
: 은행은 양날의 검이다

요 며칠 지혜 씨는 남편이 퇴근해서 집으로 돌아오면 낮에 부동산 사무실을 들러 추천받았던 다세대주택 이야기, 낮에 보고 온 분양아파트의 모델하우스 이야기 등을 한 보따리 풀어 놓습니다. 처음에는 흥미롭게 호응해 주던 남편이 오늘따라 무덤덤하게 이야기를 듣더니 불쑥 이런 말을 꺼냅니다.

"꼭 집을 사야 하나? 요즘 같아선 우리가 집이 없는 게 속 편하다는 생각도 들어."

아니 이 무슨 뜬금없는 소리일까요?

"당신은 요새 전세 가격이 얼마나 올랐는지 몰라서 그래요. 내년이면 우리는 또 전세 보증금을 올려 줘야 될지도 모른다고요. 옆

집 희수네도 집주인이 임대료를 올려 달라고 하니 전세 자금을 대출받아야 한다고 고민하던데……. 남의 일 같지 않다고요.”

“휴우, 당신 말대로 집을 먼저 장만하긴 해야겠는데 오늘 양 과장님 이야기를 들으니 심란하더라고…….”

“어머, 양 과장님이 뭐가 걱정이에요? 강남에 산다고 했잖아요. 그것도 대치동에.”

“나도 집이 있으니 별걱정이 없는 줄 알았는데 그렇지도 않은가 봐. 아마 강남으로 옮길 때 대출을 받으셨던 모양이야. 집값은 오히려 떨어졌는데 대출 금리는 오르고……. 양 과장님 사모님은 얼마 전부터 부업을 시작하셨다는군. 요즘 양 과장님 표정이 너무 어두워.”

🖋 **정말 알 수 없네요. 선망하는 지역에 번듯한 아파트가 있으면서도 고민이라니…….**

먼저 2008년 봄, 양 과장님이 대치동의 아파트를 매수한 시점의 이야기를 해 보겠습니다. 아시는 것처럼 2006년부터 2007년까지 아파트의 매매 가격은 상당히 높은 가격을 형성하고 있었습니다. 내 집 마련도 하고 투자도 되는 일석이조의 시기였다고 해도 좋을 만큼 아파트 구입은 매력적인 일이었습니다. 2007년의 고점을 지나 약간 가격이 주춤하자 최적의 아파트 구입 시기라고 판단한 양 과장님이 결단을 내렸던 것이겠죠. 물론 대출을 받아야 했지만 전년도 실거래 가격 대비 1억 이상 떨어진 매매 가격이 회복된다면 대출이자를 상쇄할 수 있을 것이라 예상했을 것입니다.

만약 아파트 가격의 최고한도인 대략 4억 원 정도의 대출을 받았다면 대출 금리를 연 6%로 잡아도 연간 2,400만 원의 대출이자가 필요합니다. 매월 200만 원이 이자로 빠져나간다는 말입니다. 부담스러웠겠지만 1년 혹은 2년 안에 집값이 1억 원 정도만 올라 주면 오히려 5천만 원의 이익이 발생되는 셈이니 매월 200만 원 정도의 이자를 감내할 수도 있었겠지요.

그러나 2008년 가을, 미국 발 금융위기와 함께 부동산 시장은 침체기로 들어서게 되어 오히려 아파트 가격이 떨어지는 상황이 발생했습니다. 양 과장님이 구입했던 아파트의 경우도 마찬가지로

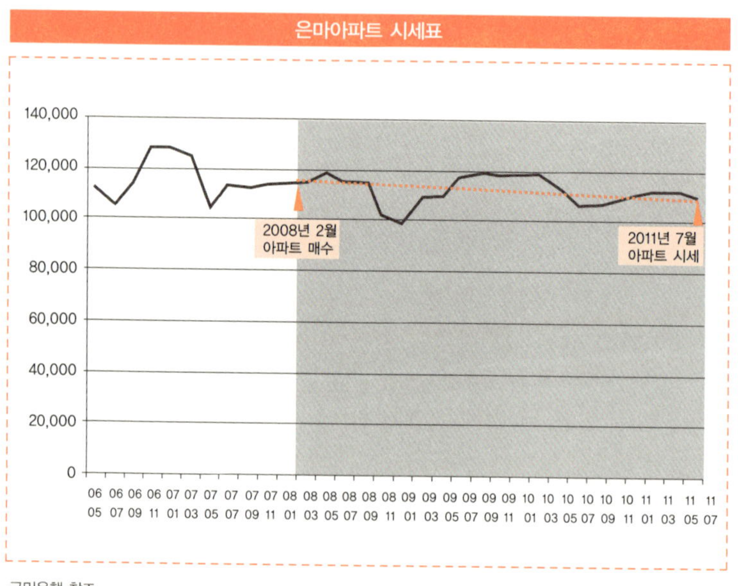

국민은행 참조   단위: 만원

2009년 1월에는 구입한 가격보다 거의 2억 원이 싸게 거래되었으니 대출받은 돈을 갚기는커녕 마음고생을 많이 하게 된 것입니다. 그리고 현실적으로 자녀 교육 비용과 대출이자 등이 실질적인 부담이 된 것이 당연합니다. ✳

그러면 역시 내 집 마련은 좀 미루는 것이 현명할까요?

사람들마다 처한 상황이 다르기 때문에 정답이란 이것이라고 말할 수 없지만 대출이자 때문에 내 집 마련을 미룬다는 것은 그리 현명한 선택은 아닌 것 같습니다.

대치동 아파트의 평균 전세가격의 변화를 보면 전용면적 85m²의

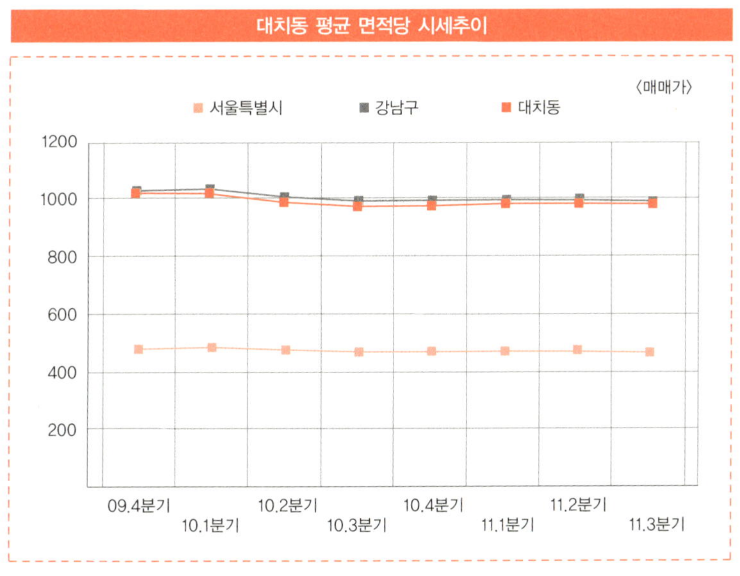

국민은행 참조   단위: 만원

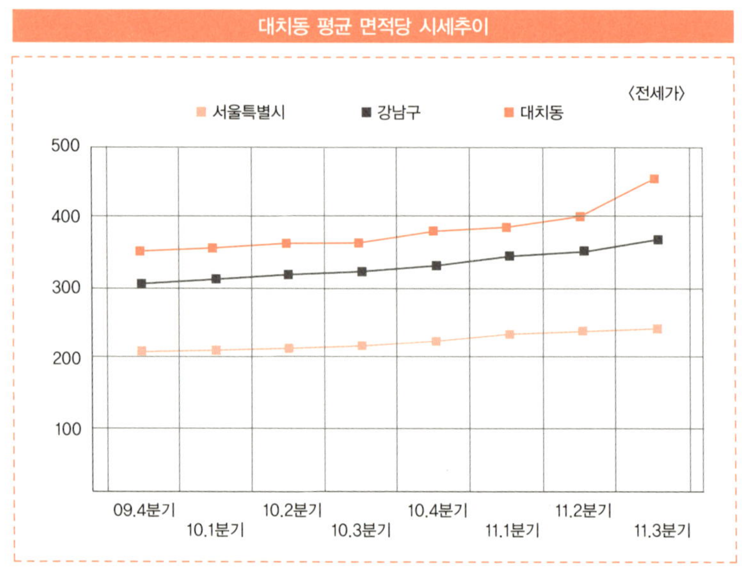

아파트 전세가 평균이 2009년 4분기에 3억 5천만 원이던 것이 2011년 3분기에 와서는 4억 5천만 원을 넘어섰습니다. 쉽게 말해서 2009년 10월에 전세계약을 했던 사람이 다시 같은 평형의 아파트에 살기 위해 전세계약을 하려면 1억 원의 보증금을 더 마련해야 한다는 뜻입니다. 2년 동안의 저축으로 1억 원을 마련할 수 있을까요?(서울 지역 평균 약 5천만 원 상승)

이렇게 가파르게 오른 임대 보증금을 마련하기 위해서 전세 자금 대출을 받는 경우가 많고, 최근에는 인상된 보증금을 월세로 환산하여 계약을 하는 "반전세"라는 용어도 등장했습니다. 무리하게 대출을 받아 내 집 마련을 하는 경우가 아니라면 매매가 대비 전세가의 비율이 높아진 시점에서는 오히려 내 집 마련에 좀 더 비중을 두고 고민을 하는 것이 옳지 않을까 생각합니다. ✴

2006년부터 2007년까지 아파트의 가격은 연일 상승에 상승을 거듭했다.

2002년 가을에 입주가 시작된 타워팰리스 전용면적 115.7m²(분양금액 3억 4,500만 원)형의 경우 꾸준한 상승이 이어지며, 2006년 1월 10억 원을 돌파하더니 1년 뒤인 2007년 1월에는 13억 2,500만 원으로 30% 이상 상승하여 아파트 가격 상승의 대명사가 되었다.

이러한 가격 상승은 정도의 차이가 있을 뿐 전국적인 현상으로 일찌감치 아파트나 주택에 투자를 했던 사람들이 큰돈을 벌었다는

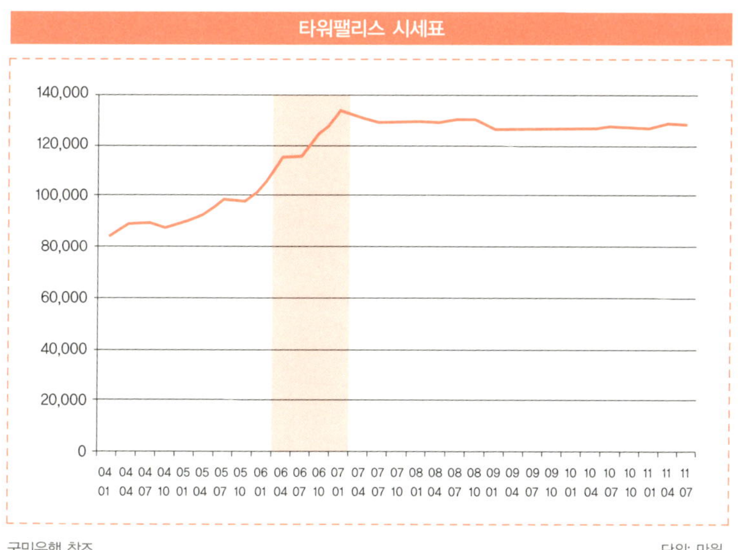

국민은행 참조　　　　　　　　　　　　　　　　　　　　　　단위: 만원

이야기는 여기저기서 화젯거리가 되어 무주택 서민들의 마음에 조
바심을 불러일으켰다.

이미 부동산 투자를 하던 사람들은 더 많은 이익을 위해 대출을
활용했고, 무주택 서민들 역시 과감히 최대한 대출을 받아 내 집 마
련과 투자라는 두 마리 토끼를 노렸다.

이후의 이야기는 모두가 아는 바와 같다.

현금 3억 원을 가진 사람이 아파트를 구입하고 3년 후에 매도한
다고 할 때, 아래의 표와 같이 세 가지의 경우를 가정해 볼 수 있다.

3억으로 아파트 장만하기					
	구입자금	추가비용	예상 매매가격과 손익		
			2억 7,000만 원	3억 원	3억 5,000만 원
	보유현금 3억 원	없음	−3,000만 원	없음	5,000만 원
	전세보증금 1억 5000만 원 * 2 보유현금 3억 원	없음	−6,000만 원	없음	1억 원
	대출금 1억 5000만 원 전세보증금 1억 5000만 원 * 3 보유현금 3억 원	연6% 대출이자 2700만 원	−1억 1,700만 원	−2,700만 원	1억 2,300만 원

*아파트 한채 구입가 3억 원, 전세가 1억 5천만 원 기준

부동산 경기가 2006년~2007년처럼 상승기에 있다면 같은 3억을 가지고도, 대출과 전세 보증금을 활용하여 아파트를 많이 구입한 사람이 이자를 부담한 후에도 가장 많은 수익을 낼 수 있다. 그러나 반대로 부동산 경기가 침체기로 전환되면 수익은 고사하고 손실액이 눈덩이처럼 커지게 되며, 실제로 2007년 가격이 최고조에 달했을 때 대출을 안고 아파트를 구입했던 사람들이 아파트의 가격 하락과 이자 부담의 이중고를 겪고 있다.

100% 자기 자본만으로 부동산을 구입하는 경우는 드물다. 대부분 은행의 대출을 사용하게 되는데 미래의 부동산 가격의 상승 또는 하락의 경우에 영향을 덜 받고 마음 편히 투자를 할 수 있는 방법은 무엇일까?

그것은 바로 내가 스스로 감당할 수 있는 범위에서 대출을 활용하고, 자금을 운용할 때에도 혹시 발생할 수 있는 비상시를 대비하여 최소한의 여유를 갖추어야 할 필요가 있다. 감당할 수 있는 대출 한도란 개인차가 있겠지만, 대체로 대출금이 전체 매매 가격의 30~40%를 넘지 않으며 매월 내야 하는 이자가 월 소득액의 30%를 넘지 않도록 한다.

투자에 날개를 달아 주기도 하고 발목에 족쇄가 되기도 하는 양날의 검, 은행 대출은 항상 여지를 남겨 두고 사용하자.

천기누설 무르팍 도사, 공인중개사
: 중개업자에게 신뢰를 주어라

천기누설 무르팍 도사, 급매물은 공인중개사… 드디어 미숙 씨는 어떤 부동산에 투자를 할지 결심했나 봅니다. 여기저기 부동산 중개업소를 다니며 발품도 많이 팔더니, 드디어 오피스텔을 계약했다는 전화가 걸려 왔습니다.

"와, 축하한다. 그래, 어디에 있는 무슨 오피스텔이야? 가격은 얼마고? 잔금은 치렀니?"

"호호……. 한 가지씩 물어봐. 너도 아는 곳이야."

미숙 씨가 계약을 했다는 오피스텔은 지난번 지혜 씨와 함께 구경했던 바로 그곳이었습니다.

"그 오피스텔이라면 1억 3천만 원 한다던 15평형? 어쩐지 나도 좋아 보이더라."

"그런데 계약을 한 것은 그 물건이 아니고……."

"뭐라고?"

알고 보니 미숙 씨는 지혜 씨와 다녀온 오피스텔 말고도 여러 곳의 중개업소를 다니며 원룸과 아파트 등을 보러 다녔답니다. 그런데 문제는 부동산 중개업소마다 추천하는 급매물의 종류도 다른 데다 각각의 장점도 있더라는 것입니다. 집으로 돌아와서는 잘 하는 선택일지 고민이 되고 이런 일이 반복되니 결심이 필요했다는군요. 그러던 차에 중개업을 한다는 사촌 언니의 소개로 추천받은 것이 마침 이 오피스텔이었답니다.

"아하, 그렇게 된 거구나. 그런데 가격은 왜 1억 5,500만 원이야?"

"너랑 봤던 오피스텔이 생각나서 말했더니 이미 팔렸다고 하기에 조금 큰 평형으로 샀어. 어차피 지난번에 구조도 다 봤으니 굳이 볼 필요가 없어서 바로 계약을 하려고 사촌 언니와 약속을 하고 약속 장소에 나갔더니 글쎄 그 부동산 사장님이 있더라니까. 죄를 지은 것도 아닌데 어찌나 놀랐는지……."

돌고 돌아서 결국 그 오피스텔을 사게 된 친구의 이야기를 들으니 어차피 살 것이었으면 진즉에 살 것이지 하는 생각이 들기도 하지만, 한편으로는 목돈을 투자하면서 고민과 망설임이 없을 수는 없겠지 하는 생각에 고개를 끄덕입니다.

쉬운 것이 없네요. 거의 한 달간 발품을 팔았는데 다시 제자리로 왔으니 말이죠.

정말 쉬운 일은 없죠. 그런데 친구분은 제대로 발품을 판 것인지 의심스럽지는 않나요? 지난 일이니 아쉽기는 하지만 처음 추천받았던 오피스텔 15평형과 실제로 구입한 17평형 오피스텔의 구입비와 예상 수익금을 비교해 보도록 하겠습니다.

15평형과 17평형 오피스텔의 예상 수익금 비교		
오피스텔	15평(49.58m²)	17평(56.20m²)
매수가격	130,000,000	155,000,000
보증금	10,000,000	10,000,000
투자원금	120,000,000	120,000,000
대출금	0	25,000,000
임대수익(연)	9,000,000	9,600,000
비용(이자 연6%)	0	1,500,000
연간 순수익금	9,000,000	8,100,000
순수익률	7.5%	6.75%
보유 기간	36개월(3년)	36개월(3년)
3년 수익률	22.5%	20.25%

단위: 원

시세 차익을 배제한 임대료의 수익금만을 비교해 보니 15평형의 오피스텔 수익금이 더 많습니다. 그러나 오피스텔의 구입부터 매도까지 계산해 본다면 수익금의 격차는 더욱 커지겠지요. 지난 일이긴 하지만 역시 아쉽습니다.

🔖 **물론 아쉽기는 하지만 친구의 마음도 이해가 돼요. 아무래도 남남인 부동산 사장님보다는 중개업을 하는 사촌 언니에게 믿음이 가지 않을까요?**

내가 투자할 부동산에 대한 믿음인지, 거래를 안전하게 하기 위한 믿음인지부터 확인해 봐야겠습니다. 요즈음은 대부분의 부동산 사무소가 공인중개사라는 자격증을 걸고 정해진 수수료를 받고 있으니 중개업소 자체에 대한 의심은 접어도 좋겠습니다. 그렇다면 내가 투자할 부동산에 대한 믿음인데, 바꾸어 말하면 투자할 부동산에 대한 동의를 구하고 싶었던 것은 아닐까 생각합니다. 중개업을 하는 사촌 언니가 오피스텔 구입에 동의를 했다면 스스로의 선택에 대한 안도감을 느낄 수 있을 테니 말이죠.

그러나 만약 저라면 처음에 추천받았던 급매물을 놓쳤더라도 다시 그 중개업자를 찾겠습니다. 나의 투자 목표나 금액을 정확히 알고 상담을 통해 투자 물건을 추천했으니, 최대한 조건에 근접하게 오피스텔을 구입할 수 있도록 노력할 것이고, 구입 후에도 임대나 관리에 대한 도움을 적절히 받을 수 있기 때문입니다. 계약을 하기까지는 중개업을 하는 사촌 언니가 든든하겠지만, 몇 년에 걸친 오피

스텔의 보유와 관리에도 사촌 언니가 일일이 관여해 줄 수 있을까요? ✹

'중개업자와 친하게 지내라.' 부동산 투자 관련 책들을 보면 목차의 어딘가에 꼭 이런 소제목이 있다. 그리고 실제로 부동산 투자를 한다는 사람들치고 한두 명 이상의 중개업자와 친분이 없다는 분도 없다.

부동산 사무실을 다니다 보면 지역의 사정에 밝고 매물을 많이 소개하는 중개업자를 만나게 되는데, 매물만 많은 것이 아니라 파는 사람의 사정을 알고 있고 세입자 내역과 전월세의 흐름까지도 꿰고 있는 경우가 많다. 부동산 사무실에 자주 들러서 차 마시고 시세를 알아보고 가끔은 사장님과 함께 밥을 먹는 사이라면, 이 중개업자와 친하다고 할 수 있을까?

대부분의 중개업자들은 상대방이 집을 구입할 의사가 있다고 판단되면 최대한 거래가 가능한 물건을 제시한다. 함께 밥을 먹거나 호감이 있다고 더 많은 물건을 제시하는 것도 아니고, 낯익은 얼굴이 아니라고 팔릴 수 있는 물건을 숨기지도 않는다. 몇 년 전과 달리 요즘에는 인터넷을 통해 전화 한두 통이면 이웃의 중개업소에 손님을 뺏길 수도 있기 때문이다.

중개업자들의 시각에서 친한 사람의 기준은 그 중개업자를 통한 거래 의사가 있는가 하는 것이다. 성실히 상담에 응하고 물건을 보여 주는 중개업소를 택해 투자할 부동산을 매수했다면, 그 후에는 부동산의 관리뿐 아니라 인간적으로 더욱 돈독한 관계를 만들어 갈 수 있다.

중개업자와의 관계는 부동산의 투자를 결정하는 데뿐 아니라 이미 투자한 부동산의 관리 측면에서도 중요하다. 부동산을 구입한 시점부터 적어도 구입했던 부동산을 매도하게 될 때까지 소유자가 모든 관리를 하기란 어렵기 때문이다.

중개업자와의 관계가 가까워졌다고 느껴질수록 수수료를 깎아서는 곤란하다. 수수료를 깎는 대신 좋은 정보를 구하는 것이 옳다. 알찬 급매물을 소개받는다면 애써 깎은 수수료의 수십 배에서 수백 배의 이익을 볼 수 있다. 중개업자의 입장에서 보면 애써 일한 수수료를 깎는 손님보다는 매너 있고 정확히 계산하는 손님에게 귀한 급매물을 보여 주고 싶은 것은 인지상정이니 말이다.

중개 수수료는 되로 주고, 돈 되는 알찬 정보는 말로 받자. '약은 약사에게 진료는 의사에게, 부동산 투자와 관리는 중개업자에게'

부동산의 하자는 어떤 단지?

: 모르는 하자는 애물단지,
알고 해결책이 있는 하자는 보물단지

주부의 아침은 늘 분주하기 그지없습니다. 출근하는 남편을 챙겨 주고 나면 설거지와 청소가 지혜 씨를 기다립니다. 여느 날과 마찬가지로 청소기를 밀고 걸레질을 하던 지혜 씨의 눈에 유난히 오늘 아침엔 안방의 서랍장이 거슬립니다. 결혼 후 몇 번의 이사로 지혜 씨의 신혼 가구들은 여기저기 생채기가 난 것이 한둘이 아니지만, 아끼던 서랍장은 지난 이사에 손잡이의 장식이 깨져 서랍을 열 때마다 불편하기 짝이 없습니다.

며칠 전부터 가구점에 전시된 서랍장을 살펴보긴 했는데 지혜 씨의 맘에 드는 디자인의 서랍장은 가격이 만만치 않습니다.

그중에서도 신혼부부에게 인기 최고라는 빛나라 가구의 세련된 화이트의 서랍장과 인기 드라마에 협찬되었다는 간결한 블랙 서랍장이 눈에 아른거립니다. 물론 문제는 역시 가격입니다. 아무리 흥정을 해도 백만 원에서 몇만 원 빠지는 금액이니 엄두가 나지 않습니다.

오늘도 백화점 가구코너를 돌아 보기는 하겠지만 지혜 씨의 지갑이 열릴지는 미지수입니다.

정말로 반값에 샀어요. 내가 콕 찍어 두었던 바로 그 빛나라 가구의 서랍장 말이에요. 백화점에 가 보기를 정말 잘했어요. 마침 세일 기간을 마치고 신상품으로 전시품을 교체한다며 싸게 판다고 하더라고요. 매장에 전시되어 있던 제품이라 아주 새것이 아니라는 점이 조금 아쉽기는 하지만 반값에 제 맘에 드는 유명 브랜드의 가구를 샀으니 이만하면 잘 산 것 아닌가요?

그런데 반값에 파는 백화점의 전시 가구를 사고 나니, 기대 이상의 수익을 만들어 줄 부동산도 있지 않을까 하는 생각이 들더라고요. 물론 반값으로는 어림없는 소리겠지만 말이에요.

가구 매장이나 백화점에서 정상적으로 파는 가구에는 깎을 수 없는 가격표가 붙어 있는 것처럼 부동산의 거래에 있어서도 대부분의 경우에는 시세라는 가격표를 벗어난 거래를 하기 어렵습니다. 백화점에서 한 시즌 동안 전시되었던 상품의 이력은 정상적인 제품의 유통경로라 보기 어렵습니다. 그러나 비정상적인 유통경로 덕분에 지혜 씨는 유명 브랜드의 가구를 반값에 구입할 수 있었지요.

시세보다 싸게 부동산을 구입하고자 한다면, 그 부동산의 가격이 저렴한 만큼 무언가 문제점을 안고 있다는 것을 인정해야 합니다. 다만 그 문제점이 해결 가능한 것인지의 여부가 중요합니다.

대체로 경매와 공매, 급매를 통해 시세보다 싸게 부동산을 구입할 수 있는데, 싸게 구입할 수 있는 가능성만큼 간과해서는 안 될 문제점과 해결 방법 등을 살펴보아야 합니다. ✹

시세보다 싸게 구입할 수 있는 부동산이 가지고 있을 수 있는 문제점은 크게 두 가지로 볼 수 있다. 부동산 자체에 파손, 누수 등의 물리적 손상이 있는 경우와 가압류, 근저당 등의 법적인 문제점이 있는 경우가 그것이다.

예를 들어 구입하려는 아파트나 다세대주택에 오래된 보일러나 허술한 베란다의 새시, 낡은 싱크대 등이 있다면 한눈에 주택의 가치를 떨어뜨리고 보수의 필요성을 느끼게 한다. 그러나 이런 경우에는 보일러, 새시, 싱크대 등의 교체를 하는 것만으로 기능의 개선뿐 아니라 인테리어 효과를 주어 주택의 가치를 훨씬 높여 줄 수 있다. 또 눈에 보이지 않지만 누수나 방수의 문제점이 있을 수 있는데 이 경우에는 수리비가 얼마나 될지 책정을 하기 어렵다. 부동산의 위치나 미래가치, 예상 수익률 등의 투자 조건을 만족시킨다 하더라도 반드시 전문가와 동행하여 전체 수리비의 견적을 확인한다. 이때 매도인의 양해를 구해 수리해야 할 부분의 사진을 찍어서 다른 전문가의 의견과 견적을 받아 볼 수 있도록 하는 것도 좋은 방법이다. 집수리 비용이나 시설의 교체 비용을 구입비에 포함시켜야 하는 것은 더 말할 나위가 없다.

다음으로 법적인 문제점으로 인해 시세보다 싸게 나온 급매물이 있는데, 해결 방안이 있다면 부동산에 물리적 손상이 있는 경우에 비해 투자에 더욱 적합하다.

법적이라 함은 서류상의 문제점이 있는 경우인데 등기부등본에 가압류, 가등기, 근저당과 같이 소유권 이외의 권리가 설정되어 있는 것을 말한다. 이러한 소유권 이외의 권리는 은행에서 대출을 받는 경우 외에도, 개인 간의 채권 채무 관계나 기타 분쟁을 통해 성

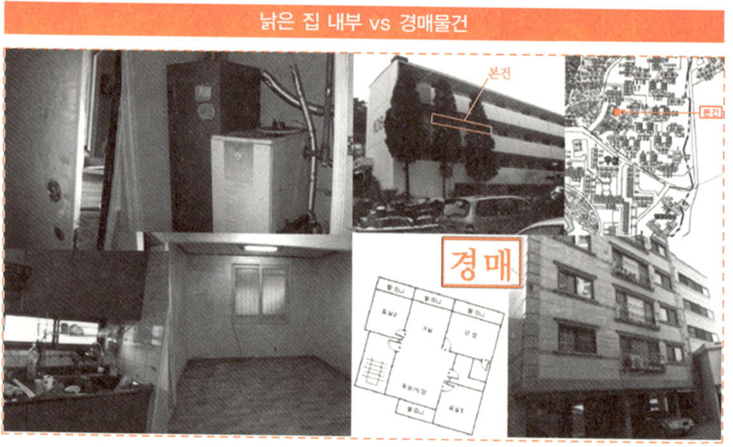

립되는 경우가 많다. 대출금의 오랜 연체나 개인 채무가 해결되지 않으면 채권자의 신청에 따라 법원이 강제로 부동산을 매각하는 절차를 밟게 되는데, 이를 경매라 한다.

부동산이 경매 절차를 밟게 되면 감정가가 매겨지고 대부분의 경매 물건은 감정가 이하로 낙찰된다. 이런 까닭으로 매도자는 가급적 경매에 이르지 않고 소유의 부동산을 처분하고자 하게 된다.

이렇게 나온 급매물은 가격 흥정에 유리하지만 부동산의 매매대금을 단기간에 납부해야 하는 단점이 있다. 이런 부동산을 구입하고자 할 때는 매매 계약 시점과 진행에 가급적 법무사를 동반하여 권리 관계의 정리와 소유권의 변경을 명확히 해야 한다.

경매와 급매

: 급매물을 타고 오는 경매투자,
경매를 바라보는 급매물 투자

마음에 드는 서랍장을 산 김에 가구 배치를 바꾸고 거실 벽 한 편에 손수 그린 그림 액자를 놓으니 집 안의 분위기가 새롭습니다. 향긋한 커피를 한 잔 들고 액자를 마주 보고 앉아 퇴근한 남편의 깜짝 놀랄 얼굴을 상상하니 입가에 저절로 미소가 지어집니다.

커피를 한 모금 삼키고 치워 두었던 신문을 이리저리 뒤적이던 지혜 씨의 눈이 한 곳에 모아집니다. 신문의 경제면은 온통 지난봄에 이어진 전세난에 대한 기사로 가득합니다. 이사한 지 얼마 되지는 않았지만 이렇게 전세난에 대한 기사가 날 때마다 가슴이 콩닥거리는 것은 어쩔 수 없습니다. 만기가 아직 일 년도 넘게 남았지만 어차피 만기가 돌아올 것이고, 알뜰하게 쪼개 모은 3년 만기의 적금을 또다시 보증금 인상분으로 넣어야 하는 것이 아닐까 걱정스럽습니다.

이런저런 생각에 커피 맛이 씁쓸해질 무렵 지혜 씨의 눈에 「수도권 아파트 2회 이상 유찰비율 늘어」라는 기사 제목이 보입니다. 수도권 아파트 10건 중 3건 이상이 2회 이상 유찰된 물건으로 조사됐다는 내용입니다. 경매는 생각도 해 보지 않았는데 이 기회에 열심히 공부해서 경매로 내 집 마련을 해 볼까 하는 생각도 듭니다.

시세보다 15~20% 정도 싼 물건이 부동산 급매물의 조건이라고 하면 경매를 통한 부동산 투자가 더 확실하게 싸게 구입하는 게 아닌가 하는 생각이 들어요. 일단 감정가를 시세라고 보면 1회 유찰마다 20%씩 입찰 가격이 떨어지니까요. 요즘처럼 전세가의 비율이 높을 때는 경매도 신중히 검토해 보는 것이 어떨까 하는 생각이 들어요.

최근에 전세가 상승에 대한 기사가 자주 눈에 띄는 것은 물론이고 실제로 부동산 중개업소에서도 귀한 전세물건으로 애를 먹고 있다고 하죠. 매매가 대비 전세가의 비율이 이미 60%를 넘어선 지역도 있다고 하니 전세 세입자의 경우에는 매매를 검토해 보는 것도 자연스러운 흐름이 아닐까 생각합니다. 문제는 전반적으로 부동산 경기 침체라는 지금의 시점에 과연 주택을 구입해서 가격이 더 떨어지면 어떡하나 하는 점이겠죠. 결국은 부동산을 싸게 구입해야

	경매 아파트	급매 아파트	
시세	감정가 3억	3억	
	감정 시기: 6개월~1년 전	현 시세	
매매대금	2억 4,000만 원	2억 4,000만 원	
비용	소유권 이전: 6,204,000원	소유권 이전	
	미납 공공요금: 별도 확인	1주택	3,564,000원
	명도기간·비용: 별도 확인	다주택	6,204,000원
구입비율	82% + α	81~82%	
기간	입찰~명도(1회 유찰 시)	계약~잔금	
	최소 5개월 이상	1~2개월	

경매 물건과 급매물의 구입비용 비교

하겠다는 것에 목표를 둡니다.

1회 유찰되면 감정가에서 20% 혹은 30%씩 낮은 가격이 최저 입찰가가 되니 분명히 싼 가격이라고 볼 수 있겠습니다. 그러나 중요한 것은 유찰의 횟수나 최저 입찰가가 아니라 낙찰가율과 입찰 경쟁률입니다. 또한 감정가는 경매 시점의 시세가 적용된 가격이 아니라 경매의 절차에 따라 최초 매각 기일을 기준으로 최소 6개월에서 9개월 전의 시세임을 기억해야 합니다.

경매는 매매와 달리 낙찰가 이외의 경비가 추가로 발생하기도 하는데, 일반적인 수리비나 소유권 이전 비용(취득세, 등기비용 등) 외

부동산 경기가 침체기와 안정기를 거치면서 매매 가격이 정체되
고 거래가 줄면 급매물이 시장에 많이 나오게 된다. 정상적인 거래
가 드물기 때문에 사정이 급한 사람들은 싸게라도 부동산을 처분해
야 하기 때문이다. 이 시기에는 경매 법원에서 낙찰을 기다리는 경
매 물건 수도 증가하게 된다.

수요와 공급의 법칙은 경매 법정에서도 마찬가지이다. 경매 물
건이 많으니 낙찰률과 낙찰가액이 떨어지게 되는데 바로 이때가 경

2006년, 2007년 다세대주택 경매통계(서울)							
	06/1월	06/2월	06/3월	06/4월	06/5월	06/6월	06/7월	06/8월
낙찰가율	76.39%	77.33%	81.23%	84.74%	82.62%	82.80%	86.27%	88.32%
낙찰률(건)	36.38%	38.51%	36.63%	41.17%	43.74%	47.41%	48.21%	55.73%
총낙찰건	510건	459건	441건	464건	562건	485건	458건	520건

	07/1월	07/2월	07/3월	07/4월	07/5월	07/6월	07/7월	07/8월
낙찰가율	106.92%	98.64%	106.91%	93.09%	105.66%	104.91%	105.35%	113.41%
낙찰률(건)	71.95%	70.56%	75.64%	75.39%	73.46%	73.68%	78.08%	73.11%
총낙찰건	254건	127건	208건	242건	227건	168건	228건	193건

매로 투자를 하기에 적합한 시기이다. 예를 들어 2006년 1월~8월 서울 지역의 경매 건수를 보면 24,421건으로 2007년 같은 기간의 12,679건에 비해 거의 두 배에 가까운 건수를 보여 준다. 실제로 2006년 8월과 2007년 8월의 다세대주택 경매 통계를 살펴보자. 높은 낙찰 건수(520건)에 비해 낮은 낙찰가율(88.32%)과 낙찰률(55.73%)을 보이는 2006년 8월의 통계와 달리, 2007년 8월의 낙찰 건수(193건)는 절반 이상 줄고 낙찰가율(113.41%)과 낙찰률(73.11%)은 매우 높아 경쟁이 치열했음을 알 수 있다.

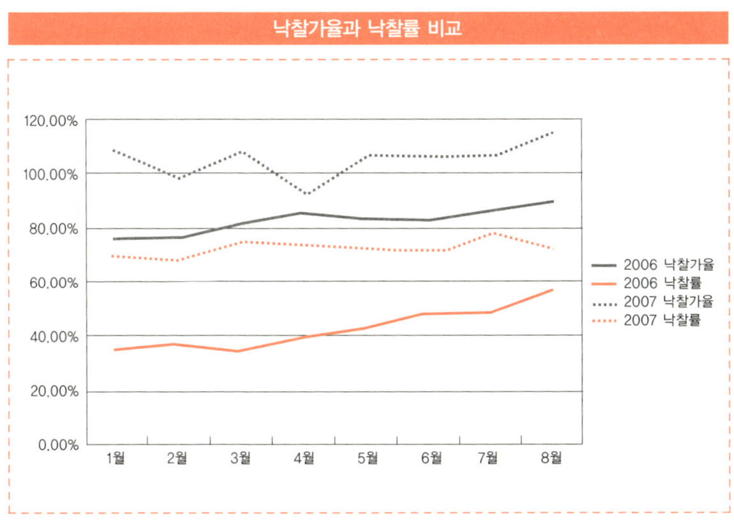

2011년 다세대주택 경매통계(서울)								
	1월	2월	3월	4월	5월	6월	7월	8월
낙찰가율	83.43%	84.47%	87.43%	87.81%	86.77%	82.31%	84.60%	81.82%
낙찰률	42.49%	46.11%	45.50%	38.64%	29.96%	34.68%	32.45%	34.71%
총낙찰건	82건	77건	86건	68건	71건	86건	86건	101건

만약 2006년 8월에 감정가 1억의 다세대주택을 8,800만 원에 낙찰받았다면 주택 가격의 상승과 더불어 상당한 수익을 낼 수 있었음에 분명하다. 반대로 2007년 8월에 낙찰받은 경우라면 이미 상승기의 감정가를 적용받은 다세대주택을 113%가 넘는 가격에 구입한 셈이니 명도를 마칠 2007년 말 또는 2008년 초에는 금융위기로 부동산 경기까지 타격을 받아 주택 가격이 하락하던 시기였으므로 마음고생이 여간 아니었을 것이다.

위의 표에서 2011년 1월에서 8월까지의 다세대주택 경매 통계를 보면 부동산 경기의 침체를 반영한 듯 낙찰률과 낙찰가율이 점차 떨어지는 모습을 보여 주며, 총 낙찰 건수는 예년에 비해 많이 줄었지만 2011년 4월을 기점으로 소폭이지만 증가하고 있다. 단순 수치만으로 낙찰가율이나 낙찰률을 2006년의 것과 비교하면 서서히 다세대주택 경매에 관심을 두기 시작할 때다.

전·월세 가격이 계속 오르면서 감정가 10억 원 이하의 서울 지역 단독·다가구주택 낙찰률이 올라 최근 6개월새 최고치를 기록

경매와 급매		
	경매 아파트	**급매 아파트**
매물수량	경매물건 증가 ⬆ 〉하락 ⬇	매물 증가 ⬆ 〉 하락 ⬇
낙찰률	하락 ⬇ 〉상승 ⬆	
낙찰건수	증가 ⬆ 〉 하락 ⬇	
낙찰가율	하락 ⬇ 〉상승 ⬆	
투자요령	현 시세를 기준으로 구입비용과 기간 등을 비교 검토하여 내게 유리한 쪽으로 선택~! (부등호가 큰 쪽이 내게 유리한 상황)	

참고 : 부동산 용어

했다는 뉴스는 수도권 아파트의 전체 낙찰가율이 79.9%로 5개월 연속 하락세를 보였다는 기사와 대비된다. 그러나 세부 기사를 보면 감정가 3억 원 초과 아파트는 77.5%로 낙찰가율이 전월 대비 하락했으나, 3억 원 이하 저가 아파트는 86.3%로 전월에 비해 0.93% 올랐다고 밝히고 있다. (2011. 9. 한국경제신문 기사 참조) 이는 경매 시장에서도 투자할 지역과 부동산 경기의 상황에 따라 실거주나 임대 수익 등 목적이 뚜렷한 경매 물건에 한해 입찰 경쟁률과 낙찰가율이 높아지고 있으므로, 보다 구체적이고 적극적인 투자 계획이 필요하다는 것을 보여 주는 것이라 하겠다.

보다 성공적인 부동산 투자를 위해서는 경매냐 급매냐의 방법 선택이 아니라, 여유 있는 공급량을 전제로 계산기를 두드려 나의 투자 상황에 맞는 선택을 하는 것이 현명하지 않을까?

- **경매:** 채권자의 신청에 따라 법원이 하는 강제집행의 한 방법으로, 부동산을 매각하는 절차에 따라 최고 가격을 제시한 자에게 파는 방법을 말한다. 강제집행의 방법은 강제경매와 강제관리가 있으며, 채권자는 강제경매, 강제관리 혹은 이 두 가지 방법을 함께 사용하여 집행하게 할 수 있다. 집행은 부동산이 있는 곳의 지방법원이 관할하며, 만일 부동산이 여러 지방법원의 관할 구역에 있는 때에는 각 지방법원에 관할권이 있다. 이 경우 법원이 필요하다고 인정한 때에는 사건을 다른 관할 지방법원으로 이송할 수 있다.

- **공매:** 국가가 주체로 실시하는 경매를 말한다. 공매는 두 종류가 있다. 하나는 민사상의 강제집행으로 그 목적물을 환가처분하는 방법인데 전형적인 것이 경매(競賣)이며, 다른 하나는 국세체납 처분절차의 최종 단계로서 압류재산을 강제적으로 환가처분하는 것이다. 세무서장은 압류한 동산 · 유가증권 · 부동산 · 무체재산권과 체납자에게 대위하여 받은 물건을 공매에 붙인다. 다만, 세무서장은 압류한 재산의 공매에 전문지식이 필요하거나 기타 특수한 사정이 있어 직접 공매하기에 적당하지 않다고 인정되는 때는 한국자산관리공사가 대행하게 할 수 있다. 공매는 입찰 또는 경매의 방법으로 하지만 압류한 재산의 추산 가격이 1천만 원 미만인 때 등 몇 가지 경우에는 수의계약을 통해 매각할 수 있다. 세무서장은 압류재산을 공매에 붙이고자 할 때는 그 매각예정가격을 정해야 하며, 그 가격을 정하기 어려운 때는 감정인에게 평가를 의뢰하여 그 가액을 참고할 수 있다.

14

협상의 기술
: 밀고 당기기? 진심을 보여서 설득하기?

"사장님, 요즘 시장이 어떤데 고집을 부리세요? 지금 이 손님 아니면 아파트 팔기 어려워요. 몇 달을 기다리다 이제 겨우 매수자가 나섰는데 양보도 좀 하셔야죠."

"양보? 그만하면 됐수다. 내가 집이 안 팔려 몇 달 힘들었던 거 맞아요. 그런데 집을 사겠다는 사람이 말이 그게 뭐요? 그 사람 아니면 살 사람 없다고요? 그럼 맙시다. 안 팔아요!"

잠시 부동산 사무실에 들렀던 지혜 씨가 부동산 사무실의 분위기가 예사롭지 않음을 느끼고 발길을 돌리려는 찰나 얼굴이 벌게진 집주인이 먼저 쌩하니 문을 나섭니다.

"저 아저씨는 왜 저리 화가 났어요? 무슨 일 있어요?"

"아이고, 정말 아파트 하나 거래시키기가 이렇게 힘이 드니 원, 공인중개사 십 년에 명이 다 줄 지경이에요."

얘기인즉 매물로 나온 지 꽤 오래된 아파트에 드디어 매수자가 나섰는데, 이 매수자가 가격을 깎는 과정에서 문제가 있었다는 이야기였습니다. 조금이라도 싸게 사려는 마음에 흥정을 하는 것은 당연한데, 매물로 나온 아파트에 이런저런 트집을 잡으며 가격을 깎으려던 것이 그만 집주인의 감정을 상하게 했습니다. 아이들을 다 키워 대학에 보내고 근교에 전원주택을 마련한 매도자는 전원주택 구입을 위해 아파트를 담보로 은행에 대출을 받은 상태라 다달이 나가는 이자 때문이라도 빨리 팔기를 원했는데, 계약을 위해 만난 자리에서 실랑이를 하다 다툼으로 끝났다고 하네요.

이자가 매달 나가는 상황이면 빨리 집을 팔아야 할 텐데, 매수자가 가격을 깎으려는 건 당연한 일이 아닐까요? 그리고 제가 매수자라도 그냥 깎기는 뭣하니 집에 하자가 있는지 따져 볼 것 같은데, 집주인 아저씨 다혈질이시네요. 상점에서 티셔츠를 하나 사더라도 얼마간 깎아야 맛이고 나물을 사도 덤을 얹어 달라고 하는데 말이죠.

호호……. 곧 집을 장만하시려나 봐요. 어느새 구매자의 마인드를 가졌으니 말이에요. 지혜 씨의 말처럼 시장에서 반찬거리를 사면서도 흥정을 하는 우리 주부들의 모습은 알뜰하기가 둘째가라면

서운할 정도지요. 그러나 큰 액수가 걸린 부동산의 구입에서는 뜻밖에 가격의 흥정을 아예 포기하거나, 위의 경우처럼 무리한 가격 흥정으로 거래 자체를 망치는 경우가 더러 있습니다.

만약 지혜 씨라면 매도자의 감정을 상하지 않고 오히려 상대방의 양보를 끌어내어 원만하게 아파트를 구입할 수 있을까요? ✽

집값을 깎자는 사람이 곱게 보일 매도자가 어디 있겠어요? 듣자하니 몇 달을 기다리며 처음 내놓은 가격보다 많이 떨어졌다 하던데……

바로 이것입니다. 매도자의 입장에서 생각하기!

아파트의 주인은 자녀를 다 키우고 전원주택으로 이사를 하기 위해 집을 팔려고 합니다. 매달 나가는 이자 때문에 아파트를 팔아야 하는 입장이지만, 매도자에게 이 아파트는 아이들을 키우고 오래 머문 소중한 곳임에 틀림없습니다. 소중히 여기는 것에 누군가 자꾸 트집을 잡으며 가격을 깎는다면 기분이 유쾌할 리 없겠지요.

그렇지만 아파트를 구입하는 입장에서 얼마간이라도 더 흥정을 하고 싶은 것은 당연합니다. 가격을 깎기 전에 이 아파트가 가진 추억을 칭찬하면 어땠을까요?

"와~ 이 집에서 자제분들을 훌륭히 다 키우셨군요. 저도 이 집을 사서 이사 오면 아이들을 잘 키울 수 있겠네요."

이렇게 시작하면 자연스럽게 집 안의 낡은 곳들에 대한 말을 꺼내기 쉽고, 때에 따라 친절한 매도인의 경우에는 어디어디를 고쳐야 한다는 말을 꺼내기까지 합니다. 이 정도 진행되면 아파트를 매수하려는 사람은 수리비의 명목으로 흥정을 더 해 볼 수 있겠지요. 물론 낡은 아파트라 싸게 판다는 이유로 더는 못 깎아 준다 하겠지만, 이야기가 훨씬 수월하게 풀리는 것은 사실입니다.

이쯤 되면 중개하는 사람 역시 "이렇게 원만한 매수자를 찾기가 쉽겠어요?"라며 지원사격에 나서게 되니 매도자가 가격 흥정을 이유로 감정을 상하는 일은 없을 겁니다. ✺

마음에 드는 부동산을 정하고 막상 계약으로 이어지면 마음의 평정을 유지하기가 어렵다. 우선 매매 가격의 단위가 커서 몇백만 원이 가볍게 느껴지기도 하고, 매매 계약 자체가 주는 부담감에 계약을 하기 전 짜 놓은 시나리오가 물거품이 되는 것은 다반사이다. 그러나 바로 이 계약 시점에서 가격 협상을 어떻게 하느냐에 따라 매매 가격의 결과에 큰 차이가 난다.

부동산 계약에서 협상의 주도권을 잡는 것은 매우 중요하다. 그리고 이 협상의 주도권을 잡기 위해 반드시 짚고 넘어가야 할 점이 몇 가지 있는데 다음과 같다.

첫째, 당연히 계약에 앞서 부동산의 시세와 최근의 실거래 가격을 미리 알고 협상에 임해야 한다.

둘째, 매도자가 급매물로 내놓은 사정은 무엇인지 어느 정도는 알고 있어야 한다. 예를 들어 매도자가 다른 투자 물건을 구입하기 위해 파는 경우와 직접 거주를 하며 이사할 곳을 찾는 경우, 대출금에 따른 이자 부담 등으로 시간에 쫓기는 경우의 협상 결과는 명확히 다르다.

셋째, 부동산을 구입하기 위해 방문을 할 때 최대한 꼼꼼히 살펴 하자가 있을 만한 부분을 확인한다. 이때 가벼운 질문을 하는 것은 상관없지만 트집을 잡는 인상을 주어서는 곤란하다.

넷째, 계약을 위해 협상에 들어갈 때 중개업자를 통해 가격을 제시하고 구입 의사를 확실하게 전달한다. 공인중개사는 계약이 성사되어야 수입이 생기기 때문에 최대한 계약으로 이어지도록 노력을 한다. 원하는 가격 조건과 요구 사항들을 공인중개사가 알고 진행할 수 있도록 요청하는 것이 좋다.

다섯째, 직접 매도인과 마주했을 때 구입할 부동산의 단점만을 나열하는 것은 얻는 것보다 잃는 것이 많게 된다. 법적인 문제점이나 눈으로 확인한 부동산의 약점이 매도를 하는 사람도 이해되도록 입장을 바꿔 이야기하고, 함께 대책을 세우는 것임을 공감하게 한다.

매도자의 입장에서 내 부동산을 사려고 하는 매수자가 나선 것은 어떤 방식으로든 매도자의 계획을 이룰 수 있는 가능성이 생긴 것이고, 매수인 역시 이 부동산의 구입을 통해 내 집을 갖거나 투자를 할 수 있는 기회를 마련하는 셈이다. 부동산의 거래를 위해 협상을 하는 것은 스트레스를 받거나 곤란에 빠지는 일이 아니다. 오히려 매도자와 매수자 모두에게 미래의 좋은 계획을 실현하는 유쾌한 과정이다.

15

최후까지 내 곁에 있어 줄 아군은 누구?

평소에 말수가 적은 지혜 씨의 남편은 아침부터 부지런히 외출 준비를 하는 지혜 씨를 물끄러미 보다 한마디 합니다.

"오늘 토요일인데 꼭 거기를 가야겠어? 차라리 모처럼 둘이서 등산이라도 가든지……."

"미안해요, 약속을 미리 했거든요. 마침 옆집 진수 엄마가 차를 가지고 간다니까 함께 타고 다녀오면 편하고 좋잖아요. 아니 차라리 함께 갈래요? 당신도 보면 관심 있을 거예요."

"겨우 전셋집에 살고 있으면서 무슨 대단한 게 있다고 복부인 도 아니면서 이리저리 떼 지어 다니는 거야? 마음대로 해."

잔뜩 부은 얼굴로 지혜 씨의 남편은 겉옷을 챙겨서 휙 나가 버립니다.

지혜 씨는 지혜 씨대로 화가 납니다. 미리 말을 하지 않은 것도 아니고 열심히 붓고 있는 청약통장을 잘 써서 내 집을 마련하면 그처럼 좋은 일이 어디 있겠습니까? 나름대로 재테크 관련 책도 읽으며 공부를 하고, 일부러 발품을 팔며 모델하우스와 부동산 사무실을 다니는 일이 노는 것도 아닌데 마음을 몰라주는 남편이 원망스럽습니다. 언짢아진 지혜 씨는 외출 준비를 거두고 옆집 진수 엄마에게 함께 구경하자던 모델하우스엔 혼자 다녀오시라고 전화를 합니다.

도대체 이 남자는 월급만 가져다주면 저절로 집이 생기는 줄 아는 걸까요? 되짚어 생각해 보니 부동산 얘기를 꺼낼 때마다 심드렁하니 귀찮아했던 표정이 떠올라 왜 나만 이렇게 동동거릴까 약이 오르기까지 합니다.

제 친구 남편은 오히려 더 적극적이라는데 내 집 마련 이야기가 나오면 남편은 왜 소극적으로 바뀌는지 모르겠어요. 언제까지 내 집 마련을 미룰 수는 없잖아요. 남편은 나를 믿지 못하는 걸까요?

그럴 리가 있겠어요? 오히려 지혜 씨가 내 집 마련을 위해 이리저리 애쓰는 모습이 안쓰럽고 미안하지만 표현하지 못하는 것일 테죠. 우선은 주말과 휴일을 피해서 부동산 물건을 보거나 모델하우스를 보러 다니면서 다녀온 설명서나 팸플릿을 탁자 위에 자연스럽게 얹어 두면 어떨까요? 사실 제 경우 통장이라고는 오직 급여통장밖에 없던 때가 있었는데 남편이 은행 상품이 적힌 안내서들을 화장대 위에 얹어 둔 까닭에 한 가지씩 질문하며 살펴보게 되더라고요.

어쨌든 아내와 남편은 최고의 유일한 파트너임에 틀림없으니 의견의 방향이 다르더라도 조율해 가면서 한 방향을 보는 것이 중요할 것 같습니다. 일단 오늘은 남편이 즐겨 먹는 메뉴로 정성스럽게 저녁상을 차리면 어떨까요? ✳

내 집 마련이나 부동산 투자뿐 아니라 아주 사소한 모든 일까지도 남편과 아내의 호흡이 잘 맞는 것은 성공을 부르는 에너지임에 틀림없다.

대체로 여자들이 섬세하고 꼼꼼하게 살피는 데 재능이 있는 반면 거시적인 흐름이나 경향 등에는 약한 것이 사실이다. 반면에 남자들은 섬세하지 못한 대신 선이 굵은 분석과 경향 파악에 강한 면모가 있다. 이런 남자와 여자의 특성에 맞춰 부동산의 입지나 아이템의 경향 분석은 남편이 하고, 그 지역의 매물이나 부동산의 상태 등을 체크하고 진행하는 것은 아내가 하면 금상첨화이다.

내 집을 마련하고 부를 늘려 가는 과정에서 아내와 남편이 머리를 맞대고 함께 의논을 하며 장단점을 체크하는 습관은 여러 가지 장점을 가지고 있는데 대략 다음과 같다.

먼저 공동으로 재산을 관리한다는 의미가 있어 부부간의 신뢰도가 높아진다. 아내 몰래 혹은 남편 몰래 투자한 부동산이 수익을 가져온 경우는 그나마 다행이지만 만에 하나 손실이 발생하거나 자금이 묶이게 되면 부부 사이란 그야말로 불편한 관계가 되고 마는 것이다.

두 번째로 같은 부동산이나 재테크 상품을 놓고도 관점에 따라 다르게 해석하게 되는데 이는 교차로 장단점을 체크하면서 동시에 재테크 지식을 공유할 수 있게 된다. 당연히 시간이 쌓일수록 부부의 재테크 노하우도 쌓인다.

세 번째, 자녀가 있다면 부모님이 함께 의논하고 공부하는 모습을 보며 자연스럽게 경제에 관심을 갖게 되니 경제 교육이 저절로 된다.

네 번째로 부부가 함께 의논을 했다고 해서 반드시 성공 투자로 가는 것은 아니다. 투자가 실패했을 경우, 부부 중 어느 한편의 투자 결과로 어려움을 겪을 때에 비해 위기관리가 쉽다. 즉 어려움을 함께 지나며 서로에 대해 안쓰러움과 동지애를 각별히 느껴 격려하며 위기를 벗어나고 마침내 성공의 길로 이르는 것이다. 물론 서로 탓하지 않기라는 전제조건이 있다.

부부가 서로에게 최고의 아군인 것은 분명하지만 서로만을 믿고 의지하며 성공 투자를 하기란 어려운 일이다. 시간을 내서 전문가의 의견과 기사를 살펴보는 것은 물론, 가능하면 직접 세미나 등에 참석해 보는 것도 좋은 경험이 된다. 정부 정책의 해석과 이해, 바뀐 세금 제도에 대한 설명, 부동산 및 경제의 흐름 등을 생생하게 마주 대하면, 전문가에 대한 친밀감이 커지고 기사에서 활자로 읽었던 것과는 다른 면으로 자극을 받게 된다.

분양받을 목적이 아니더라도 모델하우스를 방문하는 것은 반드시 필요한 일이다. 모델하우스에는 분양할 아파트의 입지와 지역 정보를 한눈에 설명해 주는 안내원이 상주한다. 또 청약통장이 있는 무주택자라면 내가 가진 청약통장을 어떻게 활용해야 하는지, 청약조건이 어떤지 등을 알기 쉽게 설명해 준다. 은행에서 내 청약통장에 대한 설명을 들어 본 경험이 있는 사람이라면 분양사무실의 안내원이 얼마나 알기 쉽게 설명해 주는지 실감할 것이다.

전시관에 걸려 있는 분양할 아파트의 평면도와 모델하우스의 구

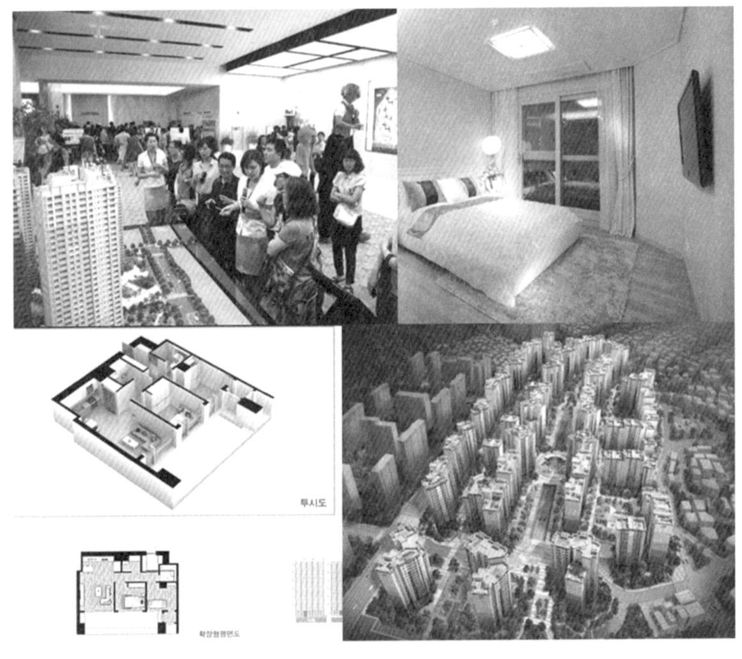

조를 직접 비교해 보자. 아파트나 오피스텔의 평면도를 보는 것만
으로 실제 모습을 가늠하기란 쉽지 않은데, 평면도와 실제 구조를
비교해 보는 최고의 연습장이 바로 모델하우스다.

혹시 인테리어를 바꾸거나 리모델링의 계획이 있는 사람에게도
모델하우스의 방문을 권장한다. 모델하우스는 최신의 디자인과 인
테리어 정보가 모여 있는 집합체라 볼 수 있다. 당장 인테리어를 하
지 않더라도 간단한 소품과 벽지, 사소한 인테리어 센스 등을 얻어
올 수 있다.

PART 2

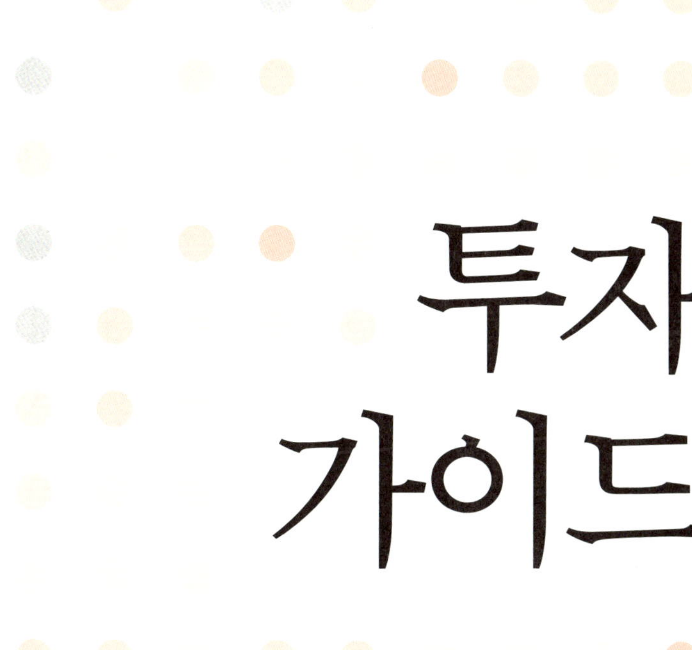

투자 가이드

16

은행사용설명서
: 내 집 마련을 위한 매뉴얼, 부동산 투자를 도와주는 매뉴얼

'문자 왔어요~!' 하는 소리에 핸드폰을 꺼내 보니 이번 달 불입할 적금이 빠져나갔음을 알리는 은행의 알림 문자입니다. 남편의 월급에서 가장 먼저 적금을 빼고 공과금과 신용카드 대금 등이 줄지어 빠져나가면 이 돈으로 한 달을 어찌 사나 싶을 만큼 통장의 잔고는 얄팍하지만 반대로 두툼해지는 적금통장을 보며 위안을 삼습니다. 이제 열 번만 더 부으면 3천만 원이라는 목돈이 손에 쥐어질 것입니다. 이번 달도 분발해야겠다고 다짐을 하며 지혜 씨는 은행으로 향합니다.

말일이 가까워서인지 은행마다 사람들로 북적입니다. 통장을 정리하고 공과금을 납부하면 은행에서 볼 일은 끝나는 셈이지만, 오늘따라 은행 내부에 비치된 여러 가지 안내 팸플릿에 눈길이 갑니다. 주섬주섬 팸플릿을 들고 집으로 돌아와 살펴보니 청약저축과 저축상품 소개뿐 아니라 각종 대출 안내, 공과금 납부와 보험 관련 상품, 신용카드 안내에 펀드상품 안내까지 지혜 씨의 상상외로 무척 다양합니다. 은행이라고는 오직 적금을 부어 목돈을 마련하고 대출을 받는 곳으로 알고 있는데 특별한 무엇이 있을 것만 같습니다.

이참에 은행 상품에 대해 알아보리라 마음먹은 것과는 반대로 막상 가져온 팸플릿을 테이블 위에 가지런히 펴 보니 자그만 숫자와 글자들이 암호처럼 눈앞에서 뱅글뱅글 돕니다. 어느 사이에 이렇게 은행이 하는 일이 많아진 걸까요?

휴우, 말도 안 돼요. 은행이라면 중학교 다닐 때 제 이름의 통장을 만든 이후로 지금까지 이십 년이 넘게 거래를 한 셈인데 이렇게 은행에 대해 무지한 줄은 오늘 처음 알았네요. 처음부터 차근차근 알아봐야겠어요. 도대체 은행에선 어떤 일을 하는 겁니까?

딱 제가 스물여덟 살에 했던 질문을 하시는군요. 저 역시 그때까지는 급여가 들어오는 통장이 전부였답니다. 물론 그 시절보다 은행의 역할과 일의 범위는 많이 넓어졌지만 의외로 은행을 활용하는 범위는 크게 변하지 않은 많은 분들을 대신해서 은행에서 하는 일이 무엇인지 함께 알아보도록 하겠습니다.

은행에서는 일반인이나 기업으로부터 돈을 맡는 예금 업무와 돈을 필요로 하는 기업이나 일반인에게 돈을 빌려 주는 대출 업무를 기본으로 합니다. 그리고 온라인 등을 통해 국내외의 지점과 은행 간에 돈을 전달하는 업무도 하고 있습니다. 그 밖에 세금이나 공과금 등의 수납 업무와 신용카드 발급 및 대금 결제 업무, 화폐의 교환과 귀중품 및 중요 서류 등의 보관 업무도 하고 있습니다. 최근에는 증권사의 업무인 주식 거래와 펀드의 운영도 은행에서 가능하고, 보험사와 연계하여 보험 성격의 상품을 개발해서 판매하는 방카슈랑스라 불리는 서비스도 은행에서 하고 있습니다. ✸

저는 이제껏 ○○은행만 다녔거든요. 남편의 급여가 □□은행으로 들어와도 바로 옮겨서 관리를 해 왔는데 요즘은 ○○은행이 참 인색하다는 생각이 들어요. 십 년 넘게 거래하고도 받는 혜택이라고는 계좌이체 수수료 몇백 원뿐이더라고요. 저 혼자만 주거래 은행이라고 생각할 뿐이고 역시 은행은 돈을 많이 맡겨 둔 사람이라야 대접을 해 주는가 봐요.

많은 분들이 오래 거래를 하는 것으로 혜택도 받을 수 있다고 생각하는데 꼭 그렇지는 않습니다. 은행들은 대부분 거래 실적을 평가해 고객 등급을 나누고 등급에 따라 혜택을 제공합니다. 즉, 거래 기간은 여러 가지 평가 항목 중의 하나인 셈이죠.

주거래 은행을 만들고 거래를 하는 최고의 혜택은 우대금리를 적용받는 것입니다. 적은 차이라 하더라도 예금이나 적금은 높은 금리를 적용받고 대출은 낮은 금리로 이용할 수 있습니다. 다음으로 인터넷뱅킹이나 ATM기기를 이용할 때 수수료를 면제받을 수 있고 환전 시 환율 우대를 받기도 합니다. 이 밖에 은행별로 문화 활동을 지원해 주거나 항공권, 면세점 등 은행과 제휴를 맺은 기업들의 서비스를 이용할 수 있기도 합니다. 물론 고객 등급에 맞추어서 말이죠. 쓸쓸한 현실이지만 다양한 서비스를 기대할 정도의 고객 등급에 해당되는 사람은 그리 많지 않습니다. 그러나 우대금리의 적용이라는 혜택만으로도 주거래 은행을 만드는 것은 의미 있는 일입니다.

그러면 주거래 은행은 어떻게 만들까요? 간단히 말해 자주 이용하면 되는 것인데, 직장인이라면 자신이 이용하기 편리한 은행을 정해서 급여통장을 만들면 됩니다. 또 예금, 대출, 적금 등의 통장이 여러 은행으로 흩어져 있다면 한 군데로 모아서 가입하고 각종 공과금과 카드 대금 결제 등도 한 군데의 은행으로 집중하면 거래 실적이 많아지고 고객 등급도 높아져 혜택을 좀 더 높일 수 있습니다. ✹

부동산 투자뿐 아니라 알뜰한 가계 경영의 기초가 되는 것은 역시 절약과 저축을 통해 종잣돈을 마련하는 것이다. 그리고 종잣돈을 마련하는 과정과 그 이후에 중요하게 살펴야 할 것이 바로 은행의 활용이다. 은행의 활용이라면 저축과 대출이 대표적이라 할 수 있는데, 우선 저축과 대출의 다양한 종류와 특징에 대해 살펴보기로 하자.

저축에는 보통예금, 정기예금, 정기적금 등이 있는데 일반적으로 이자율이 낮지만 입출금이 자유로운 보통예금통장이 가장 보편적이다. 정기예금과 정기적금은 상대적으로 높은 이자율로 목돈을 한꺼번에 맡기거나 매달 일정한 금액을 맡기는 형태지만 정해진 기간이 지나야 약속된 이자를 받을 수 있는 공통점이 있다.

내 집 마련에 대한 꿈을 키우는 사람이라면 청약통장을 가장 먼저 떠올릴 것이다.

청약저축이란 국민주택기금을 지원받아 개발, 재개발, 재건축 등을 통해 건설되는 주택과 대한주택공사에서 시공하여 건설되는

저축상품비교표			
	보통예금	정기예금	정기적금
이자율	낮음	높음	높음
입금	자유롭게 입금	목돈으로 입금	매월 정기입금
출금	자유롭게 출금	만기일 이후 출금 만기일 전 출금 시 이자율 손실	만기일 이후 출금 만기일 전 출금 시 이자율 손실

전용면적 85m²(25.7평) 이하의 주택을 분양받거나 임대할 수 있는 입주자 저축을 말한다. 가입 자격은 무주택 세대주로서 1세대에 1계좌만 가입이 가능하다. 또한 청약저축은 정부로부터 상품의 취급을 허가받아 운영하므로 모든 은행에서 가입이 가능한 것은 아니다.

청약저축에 가입했다고 해서 바로 청약을 할 수 있는 것은 아니다. 가입 기간과 불입 횟수에 따라 순위가 매겨지는데 우선은 1순위에 해당되어야 기본적인 청약 조건을 맞추었다고 보는 것이 무난하다. 사실 청약저축상의 1순위를 갖추었다 하더라도 실제로 청약을 하기까지에는 넘어야 할 산이 많다. 청약이 예상되는 주택의 수는 모자라고 청약저축 가입자는 많으니 그 안에서 다시 경쟁을 해야 하는 까닭이다.

그럼에도 불구하고 무주택자라면 청약저축을 가입해 두는 것이 좋은데, 특히 만 35세 이상이며 5년 이상 무주택자라면 기본적으로

	주택청약 종합저축	청약저축		
		청약부금	청약예금	청약저축
가입조건	1인 1계좌 나이·자격 제한 없음	20세 이상 개인	20세 이상 개인	무주택 세대주 1세대 1계좌 20세 이상
입금	매월 2만 원 이상 50만 원 이내에서 약정납입일에 금액 자유롭게 납입	매월 5만 원 이상 50만 원 이내에서 금액을 정해 약정납입일에 납입	일시불로 일정액을 예치하여 청약조건을 맞춤	매월 2만 원 이상 10만 원 이내에서 일정액 불입
청약예금 으로 전환		1순위 발생 후 전환 가능 (전환 후 1년 경과 시 변경한 평형으로 청약 가능)		납입인정금액이 청약 예치금액 이상 납입인정금액 범위 내에서 청약예금으로 전환 가능
청약범위	모든 신규분양주택에 사용 가능	85㎡ 이하의 민영주택 청약 및 임대 신청	민영주택 및 85㎡ 초과 공공주택 지역과 평수에 맞추어 금액을 정함	85㎡ 이하의 공공주택 청약 및 임대 신청
소득공제	세대주이면서 월 10만 원 이내 (연간 120만 원) 연간납입금액의 40% 한도(48만 원)	소득공제 불가	소득공제 불가	당해연도납입금액 (최대 120만 원)의 40% 한도(48만 원)

갖고 가는 것이 좋다. 또 한 가지, 청약저축은 저축상품으로서 이자율이 일반 적금에 비해 뒤지지 않고 저축의 경우에는 연간 120만 원까지 연말정산 시 소득공제를 받을 수 있으므로 금융재테크의 측면에서도 유리하다.

예치금액별 청약 가능 범위			
희망주택 (전용면적)	예치금액		
	서울 부산	기타 광역시	기타 시·군
85㎡ 이하	300만 원	250만 원	200만 원
85㎡ 초과 102㎡ 이하	600만 원	400만 원	300만 원
102㎡ 초과 135㎡ 이하	1,000만 원	700만 원	400만 원
135㎡ 초과	1,500만 원	1,000만 원	500만 원

이미 주택이 있는 사람이나 이제 신규로 청약저축을 검토하는 사람이라면 주택청약종합저축에 가입하는 것도 좋다. 일명 만능청약통장이라 불리기도 하는데 무주택 세대주 여부와 연령에 상관없이 1인 1계좌 가입이 가능하고, 공공주택이나 민영주택의 청약과 가입에 제한이 없어 기존의 청약저축보다 폭넓게 가입할 수 있기 때문이다.

은행을 잘 활용하는 분들을 보면 확실히 '우대금리'의 혜택을 찾아내는 실력도 놀랍다. 앞서 언급한 대로 주거래 은행을 만들어 차별화된 금리와 수수료를 적용받는 것이 관건인데 가장 높은 영향을 주는 것은 급여 이체 여부이다. 급여 이체와 함께 각종 공과금, 아파트 관리비, 카드 대금 등의 결제와 기타 적금, 보험 등의 납입도 한 곳에 모으면 실적이 높아져 혜택도 그만큼 키울 수 있다.

저축뿐 아니라 대출금도 보는 시각을 달리하면 자산의 일부가 될 수 있다.

대출금은 가계를 운영하는 데 부담이 되기도 하지만 때에 따라 은행에서 빌린 돈을 활용하여 더 큰 돈을 벌기도 한다. 예를 들어 수익성이 좋은 오피스텔이나 원룸 등의 부동산을 구입해서 임대 사업을 하고자 할 때 내가 가진 자본금만으로 부족하다면 이때는 대출을 검토해 볼 수 있다. 구입한 부동산을 임대하여 월세 수입이 발생하면 대출금에 대한 이자를 갚고도 일정한 수익이 발생하고 덤으로 시세 차익을 거둘 수 있다. 급매물에 대한 투자에서뿐 아니라 경매에서도 경락잔금대출을 활용할 수 있다. 경매의 경우 낙찰 허가를 받은 뒤 3~4주 이내에 낙찰 잔금을 전액 납부해야 하며 낙찰받은 부동산의 명도 시점까지 임대를 놓을 수 없기 때문에 경락잔금대출은 매우 유용하게 쓰인다.

처음으로 내 집을 마련하는 경우 집값을 전부 마련한 뒤에 주택을 구입하는 경우는 드물다. 즉 어느 정도의 대출 부담을 안고 내 집 마련을 하기 마련인 것이다. 종종 대출 자체에 막연한 공포심을 갖고 열심히 마련해 둔 목돈을 전세 보증금을 올려 주는 데 쓰는 경우를 보는데 무척 안타깝다는 생각이다. 집값이 오를 때는 대출금 없이 집 장만을 하기 위해 저축을 하고, 요즘처럼 집값이 보합이거나 하향세라고 판단되면 집을 사고 난 뒤의 주택 가격 폭락을 염려하여 애써 모은 저축으로 높아 가는 전세 보증금을 채워 가기에 급급하다.

아직 내 집 마련이 되어 있지 않다면 감당할 수 있는 범위 내에서 과감히 대출을 이용하여 내 집을 장만하는 것은 어떨까? 혹시 집값이 떨어지더라도 가격과 상관없이 내 집이니 말이다.

부동산 경기에 상승기와 호황기, 안정기, 하락기의 사이클이 있지만 큰 흐름으로 보아 실물 자산의 가치는 물가 상승률만큼 따라 상승하기 마련이다. 즉 외형적으로는 집값이 오르는 것처럼 보이지만 실제로는 돈의 가치가 떨어지는 셈이라고 볼 수도 있는 것이다. 저축은 모든 가계 운영과 재테크의 기본이 되지만 가벼워지는 화폐 가치를 생각하면 실물자산인 부동산의 투자 또는 내 집의 마련은 또 하나의 저축이 될 수 있다.

대출금을 자산의 일부로 활용하는 것은 '감당할 수 있는' 이라는 전제하에서만 가능하다. '감당할 수 있는' 대출금의 범위는 어느 정도일까? 개인마다 차이가 있겠으나 구입하고자 하는 부동산 매매가의 30~40% 이내로 대출 한도를 잡고, 대출금에 대한 이자 부담은 자기 소득의 최대 30%를 넘기지 않는 범위 이내가 적당한 선이 아닐까 생각한다. 자기 소득은 규칙적으로 들어오는 수입 금액을 기준으로 해야 함은 물론이다.

대출금의 한도를 정했다면 대출받을 은행을 선택해 보자. 많은 은행들이 저렴한 대출 이율을 앞세워 광고하는데 광고하는 이자율을 그대로 믿어서는 곤란하다. 은행의 대출은 철저히 개인의 신용도에 의해 대출금 한도와 대출이자가 결정되기 때문이다. 그러므로 여러 은행의 금리를 비교하는 것보다 주거래 은행을 활용하면 좋다. 급여통장 거래자는 은행 입장에서 주요한 고객이기도 하므로 특별히 주거래 은행이 없다면 급여통장이 개설되어 있는 은행을 선택하면 유리하다.

만약 거래 은행에 "특판 금리 ○○% 지급"이라는 현수막이 걸려 있다면 금상첨화다. 개인에게 대출은 빚이지만 은행의 입장에서는 하나의 판매 상품이다. 은행도 백화점처럼 마진을 줄여 높은 금리를 한시적으로 제공해 자금을 유치하거나, 반대로 대출이자의 금리를 일정 기간 낮게 판매하여 고객을 유치하기도 한다. 세일 기간에 백화점을 가듯 은행의 특판 금리 행사 기간을 이용하는 것도 금리를 낮게 쓸 수 있는 방법이다.

대출을 발생시키기 전에 상환 순서와 계획을 세우는 것도 중요하다.

처음으로 내 집을 마련하는 경우 국민주택 규모(전용면적 85m² 이하)이면서 기준시가 3억 원 이하의 주택은 대출이자에 대해 소득공제도 받을 수 있다. 담보물의 기준에 따라 연금·예금담보대출이나 주택담보대출로 나뉘며, 대출금의 거치 기간과 상환 방식에 따라 대출의 종류가 세분화되어 있으니 나의 상황에 맞춰 꼼꼼히 확인하고 선택해야 한다. 거치 기간은 3년을 약정하는 경우가 많은데 3년의 거치 기간이 끝나면 은행은 슬그머니 대출 금리를 올리는 경우가 많다. 이때는 직접 은행을 찾아 금리를 조정하도록 한다. 그리고 대출금을 다 상환하기 어렵다면 거치 기간의 연장과 금리, 그리고 갈아타기를 함께 검토해서 낮은 금리로 협상을 할 수 있다.

내게 맞는 투자 아이템
: 미래를 함께 키워 갈 내 짝꿍은 어디에?

몇 계절이 지났지만 부지런하고 알뜰한 지혜 씨의 모습은 변함이 없습니다. 여느 때와 다름없이 분주한 아침을 보내고 외출 준비를 하는 지혜 씨의 콧노래가 흥겨운 것을 빼면 말이지요. 처음 적금을 가입할 때는 설레면서도 남아 있는 36개월이 까마득했는데 드디어 이번 달만 불입하면 다음 달에는 만기가 되어 목돈을 손에 쥐게 됩니다.

아직 내 집 마련을 한 것도 아니지만 마음만은 노련한 부동산 투자자가 되어 이제는 제법 친숙해진 부동산 사무실의 문을 열고 들어섰습니다.

"안녕하세요, 사장님."

"아니 이게 누구야? 정말 오랜만에 오셨네. 벌써 전세 만기가
되었던가요?"

"아뇨, 아직 전세 만기는 좀 남았어요."

사장님이 내어 준 뜨거운 차를 홀짝이며 지혜 씨의 목소리엔
전셋집을 구하던 때와는 다른 자신감이 배어납니다.

"호호, 이제 집을 사야 하나, 아니면 사장님 말씀처럼 투자를
해야 하나 고민해 보려고요."

"역시나 요즘 보기 드물게 알뜰한 주부임에 틀림없군요. 그래,
투자금은 얼마나 돼요?"

"다음 달이면 만기가 돌아오는 적금까지 합쳐서 5천만 원 정도
밖에 되지 않아요. 그렇지만 소액이라도 금액에 맞춰 투자해
볼 수 있다고 하기에 한번 여쭤 보려고 왔어요."

"잘 생각했어요. 요즘엔 아파트도 중대형보다는 소형이 더 대
우받고, 금액이 큰 것보다는 적은 금액으로 알차게 투자할 수
있는 원룸이나 오피스텔을 선호하죠. 작년부터는 도시형 생활
주택 쪽으로 문의를 하시는 분도 많아졌고요."

"아, 네."

동네의 재래시장을 들러 남편이 좋아하는 생선과 몇 가지의 나
물을 사면서도 머릿속은 온통 부동산 사무실에서 나누었던 이
야기가 가득합니다. 지혜 씨의 종잣돈이 이리저리 따져 가며

부동산 투자를 하기에 아직은 턱도 없이 적은 돈이라는 것도 힘 빠지는 일이었지만, 물건을 소개하는 부동산 사무실의 사장님이 살짝 원망스러워지기도 하는 겁니다.

쉽게 설명해 줘도 좋으련만 집이면 다 집이지, 원룸에 다세대에 오피스텔에 무슨 도시형 생활주택까지. 종잣돈이 적어 쉽사리 투자 물건을 권하기 어려우니 이런저런 어려운 말로 엄두도 못 내게 하려던 것이었나 하는 억측이 들기도 합니다.

 기분 좋게 들떠 있던 아침부터 은행과 부동산 사무실, 시장을 들러 집으로 돌아온 오후 이런저런 생각 끝에 다다른 자격지심 탓인지, 저녁 준비를 해야겠지만 온몸을 누르는 피로감에 하루가 참 길게 느껴지는 지혜 씨입니다.

알아요. 말도 안 되는 억측인 줄은 나도 알고 있다고요. 그렇지만 산 넘어 산이라는 생각이 드는 것은 어쩔 수가 없네요. 적다면 적은 돈이겠지만 그래도 잘 알아보고 투자해야 할 것 같아서 물어본 것인데, 사장님의 설명도 제대로 알아듣지도 못하나 싶으니 내 자신에 울컥 화가 나요. 하긴 요즘 집값이 얼만데 고작 5천만 원으로 투자를 해 볼 수 있겠어요?

저런, 지혜 씨의 마음이 많이 상하셨나 보네요. 그렇지만 고작이라고 말하기에는 5천만 원이라는 금액이 앞으로 크게 키워 갈 소중한 종잣돈임에 분명하기에 대접을 해 주어야 할 것 같습니다. 제 생각에는 종잣돈의 크기보다 부동산 투자를 하겠다고 마음먹고 들렀던 부동산 사무실에서 익숙하지 않은 용어를 접한 까닭이 더욱 컸으리라 생각됩니다. 처음 투자를 했던 무렵의 저를 생각해 보니 지금의 지혜 씨처럼 난감하고 답답한 점이 한두 가지가 아니었거든요. 일단 첫 투자를 했던 것이 다세대주택이었는데 일단 외형으로는 당최 구분을 할 수도 없었어요.

붉은 벽돌의 3층 내지 4층의 주택이 어디는 다가구주택이라 하고 어느 곳은 다세대주택이라 하며, 빌라라고 보여 준 곳이나 다세대주택이라고 보여 준 곳이나 내 눈에는 비슷하게 그냥 '집'이었거든요. 하지만 속상해할 필요는 없습니다. 부동산의 종류와 특성을 살펴보고 나의 투자 성향이나 자금 계획에 맞는 것은 어떤 것일지 확인하는 과정에서 한 방에 해결될 문제니까요. ✹

[주택]

대다수의 일반인에게 '집'은 의식주에서 다루는 집 이상의 의미를 가진다. 안식처나 보금자리의 기본적인 의미 외에 삶의 목표나 꿈이 되기도 하는데, 대다수의 일반인 즉 서민에게 집은 거의 유일한 재산이기 때문이다. 이런 까닭에 투자 상품으로서 부동산은 단순히 수익의 개념을 떠나 내 집 마련과 재테크라는 두 가지 목표를 동시에 만족시키기 위해 더 많은 관심을 갖고 집중하게 된다.

주택은 구조에 따라 크게 공동주택과 단독주택으로 나눌 수 있는데, 여러 세대가 한 건축물 안에서 독립된 생활을 할 수 있는 구조로 건축물의 벽, 복도, 계단, 그 밖의 설비 등을 공동으로 사용하

건축법을 기초로 한 주택의 구분		
주택의 종류	**이미지**	**특징**
공동주택 / 아파트		• 대지의 가구별 한계가 명확하지 않고 단위주거 내에 시설된 것 이외의 모든 것을 공동으로 관리하는 형식 • 면적 구분 없이 5개 층 이상의 공동주택 • 토지이용효율이 가장 높다.
공동주택 / 연립주택		• 1개 동의 연면적 합이 660㎡(약 200평) 초과 • 층수가 4개 층 이하인 공동주택 • 20가구 이상 규모, 구분소유 및 분양 가능 • 일반적으로 단지를 이루고 독립주택과 아파트의 중간 형태
공동주택 / 다세대 주택		• 1개 동의 바닥면적의 합이 660㎡ (약 200평) 이하 • 층수가 4개 층 이하인 공동주택 • 20가구 미만 규모, 구분소유 및 분양 가능
단독주택 / 다가구 주택		• 1개 동의 바닥면적의 합이 660m2 (약 200평) 이하 • 층수가 3개 층 이하의 단독주택 • 20가구 미만, 구분소유 및 분양 불가 • 소유권은 하나
단독주택 / 단독주택		• 단일 가구를 위해 단독 택지 위에 건축한 주택 • 가족 단위의 개체성과 개인의 취향에 맞는 주거계획이 가능
단독주택 / 다중주택 /공관 /관저		• 다중주택: 학생 또는 직장인이 장기간 거주할 수 있는 구조 • 공관: 공적으로 사용되는 관사 • 관저: 해당 관직에 있는 사람이 주거, 공적 업무 등을 수행

는 주택을 공동주택, 그 밖에 공동주택이 아닌 주택을 단독주택이
라 말한다.

공동주택에는 우리에게 익숙한 아파트, 연립주택, 다세대주택 등이 포함되어 있고, 단독주택, 다중주택, 다가구주택 등이 단독주택에 포함된다. 아래의 표를 통해 공동주택과 단독주택을 어떻게 구분하는지 알아볼 수 있다.

▷ 아파트

아파트는 동별 경비실 및 보안 시설이 있어 안전성이 상대적으로 뛰어나고 주차 공간을 확보할 수 있으며 관리실을 통한 주택 관리가 체계적으로 되어 내 집 마련뿐 아니라 부동산 투자 대상으로서도 선호되고 있다.

주택 보급률이 낮았던 시절의 아파트는 보유 자체로 주거와 투자의 두 가지 목적을 만족시킬 수 있었지만, 2003년 이후 지역별로 오르는 지역이 더 오르는 가격차별화 현상과, 아파트 단지의 규모, 환경, 학군, 브랜드까지 차별화·양극화되는 경향이 있다. 즉 아파트를 구입할 때 고려해야 할 항목이 많아졌다는 뜻이기도 하다.

그렇다면 선호되는 아파트의 조건에는 어떤 것이 있을지 차근차근 짚어 보기로 하자.

첫째, 아파트의 가치는 단지의 입지와 규모에 의해 평가된다. 동네를 대표할 만한 아파트 단지를 선택하자.

지역을 대표하는 아파트 단지는 아무래도 전월세나 매매 등의 거래가 활발하기 때문에 가격의 안정성을 어느 정도 확보하고 있다. 만약 단지 규모나 가격 상승폭이 비슷하다면 지역을 대표하는 새 아파트를 선택하는 것이 옳다. 반대로 나란히 위치한 비슷한 가격대의 아파트라 하더라도 단지 규모가 작고 인지도가 낮다면 피하는 것이 좋다. 부동산 경기가 상승기일 때는 차이가 없는 것처럼 보이지만 안정기에 접어들거나 하락기로 들어서면 거래가 눈에 띄게 줄어 가격의 안정성을 확보하기 어렵기 때문이다.

둘째, 역세권, 브랜드, 학군과 학원의 편리성 등을 살펴보자.

부동산 투자의 기본이라고 볼 수 있는 교통 편의성은 당연히 갖추고 있어야 한다. 단지 규모가 크고 지역을 대표하는 대표성을 갖추었다 하더라도 지하철역까지 마을버스 등을 이용해야 한다면 역세권의 아파트 단지에 비해 호감도가 낮을 것이다. 특히 중소형 아파트의 경우 반드시 역세권의 아파트를 선택해야 한다.

다음으로 아파트의 건설사 혹은 시행사가 어디인지 등을 살펴봐야 하는데, 그 까닭은 아파트의 브랜드에 따라 점차 가격 차이가 벌어지고 있기 때문이다. 예를 들어 삼성물산 건설 부문의 아파트 브랜드 '래미안(來美安)'의 경우 2000년 1월 10일 처음 선을 보인 이래 꾸준히 브랜드 가치를 상승시키며 타 브랜드의 아파트에 비해 월등히 높은 브랜드 프리미엄을 자랑하고 있다. 실제로 같은 지역의 비슷한 시기에 입주된 아파트라 하더라도 브랜드에 따라 매매가격에 상당한 차이가 있음을 알 수 있다.

NCSI(국가고객만족도) 12년 연속 1위(2009년 기준), K-BPI(한국산업의브랜드파워) 9년 연속 1위(이하 모두 2010년 기준), NBCI(국가

브랜드경쟁력지수) 7년 연속 1위, 브랜드스타 11년 연속 1위 등.

_출처: 서울경제 2011. 03. 30 기사

아파트 브랜드 이상으로 주의해서 살펴야 할 것이 학군과 학원 등 교육 환경이다. 자녀의 수가 줄고 생활수준이 높아지며 학군 역시 중·고등학교에 국한하지 않고 초등학교까지도 영향을 받는 추세다. 거기에 학원가의 영향력이 커지고 있으므로 주변의 교육 여건을 살피는 것 역시 중요하다.

셋째, 강, 산, 공원 등 멋진 조망권과 체육 시설, 문화 시설 등을 확보하고 있으면 좋다.

브랜드별 아파트 가격 비교			
	A	B	C
준공년월	2002. 11.	2002. 12	2003. 01.
총세대 수	832세대	927 세대	662 세대
125㎡ 매매 가격 (전세시세)	125㎡ 39,000만 원 (17,500만 원)	123㎡ 36,000만 원 (17,500만 원)	109㎡ 26,500만 원 (16,000만 원)
가격/㎡	312만 원	292.7만 원	243만 원

A: 의정부 신곡동 767-1
B: 의정부 신곡동 758-1
C: 의정부 신곡동 767-2

〈의정부 신곡동 소재 아파트 비교〉 참고: 2011. 11. 국민은행 시세 재건축 투자 등을 고려한 아파트를 제외한다면 현재의 아파트는 단지 내의 조경과 커뮤니티 시설까지 다양한 면에서 높은 수준을 요구하고 있다. 과거의 일반적인 아파트와 달리 거주민이 스스로 건강한 삶에 대한 관심과 문화 및 여가 활동에 대한 요구가 증가하는 까닭이다.

넷째, 재건축 아파트의 경우 최우선으로 파악해야 할 것은 현황 및 입지, 그리고 재건축사업의 추진 및 진행 내역이라 하겠다. 최근 몇 년간 재건축 아파트는 사업 추진이 활성화된 단지가 거의 없다고 보아도 좋을 만큼 제자리걸음이었다. 그렇다고 재건축 아파트의 투자가치가 없는 것은 아니다. 다만 재건축이 이루어질 때 적용받는 용적률과 수익성, 사업 진행의 기간 등을 검토한 자금 계획 등은 반드시 검토해야 할 항목이다.

재건축 대상의 아파트가 아니라면 중앙공급 난방 방식보다 개별 난방 방식의 아파트가 관리비 측면에서 유리하다. 열병합 방식의 난방일 경우 일반 도시가스 개별 난방에 비해 난방비가 저렴하다.

▷ 다세대주택

건축법을 기준으로 다세대주택의 뜻을 살펴보면 주택으로 쓰는 1개 동의 바닥면적 합계가 660m² 이하이고, 층수가 4개 층 이하인 공동주택을 말한다.

흔히 빌라라고 불리기도 하며 원룸, 투룸, 도시형 생활주택의 일부 등이 여기에 포함된다. 외형으로 보아서는 다가구주택과 구별이 어렵지만 다세대주택은 한 개의 동에 세대가 구분되어 각각의 건축물로 등기가 되어 있고, 세대별로 구분되어 등기가 된 만큼 소유자도 세대별로 있어 분양도 가능하다.

다세대주택의 경우 아파트에 비해 매매 가격이 저렴하기 때문에 소액투자 대상으로 인기를 끌기도 하지만 부동산 시장의 경기가 활발하지 않을 경우에는 거래가 줄어 환금성이 약해질 수 있다. 그러나 서울 및 수도권에 있는 다세대주택의 대부분은 1억 원 안팎의 자기 돈이 있으면 담보대출을 끼고 내 집 마련이 가능하므로 실수요 차원에서 눈여겨볼 만하다. 전세가의 상승과 함께 지역 개발의 호재가 붙는 경우 시세 차익까지 기대할 수 있는 재간둥이 다세대주택을 고르는 몇 가지 기준을 살펴보자.

첫째, 교통의 편의성과 도로 상태, 주차장의 유무 등은 아무리 강조해도 지나치지 않다. 신축이건 노후한 다세대주택이건 공통으로 확인해야 할 부분인데, 교통의 편의성과 주차장의 유무는 실제로 거주를 하거나 임대를 놓을 때 그 가치를 실감할 수 있다.

둘째, 등기부등본의 기재 내용을 확인하자. 다세대주택은 세대별로 구분등기가 되어 등기부등본에 대지지분과 건축면적이 각각 기재되어 있다. 역세권의 임대 수익을 목표로 한 투자일 경우라면 건축 구조와 연수를 확인하여 너무 낡은 집은 피하는 것이 좋다. 대체로 지은 지 10년 이상의 주택은 하자 보수에 비용이 들 수 있기 때문이다. 또한 뉴타운이나 재정비촉진지구 등 재개발 투자를 염두에 둔 지역이라면 대지지분의 크기도 반드시 확인해야 한다.

셋째, 담보대출을 끼고 다세대주택 구입 계획을 세웠다면 특별히 자금 계획을 잘 세워야 한다. 아파트의 경우에는 국민은행 시세를 기준 가격으로 하여 어느 정도 대출 가능 금액을 알 수 있지만, 다세대주택의 경우에는 대출을 위한 기준 가격이 명확하지 않아 담보인정비율이 상대적으로 낮다. 그러므로 다세대주택의 경우에는 미리 은행권에 대출 가능 금액을 확인하는 등 구입 자금 계획을 더욱 꼼꼼하게 세워야 한다.

넷째, 역세권의 임대 수익을 위한 투자라면 내부의 인테리어와 구조를 중심으로, 재개발 투자를 목적으로 한다면 구역별 사업 추진 속도와 진행 사항, 조합원 수와 도로 접근성, 대지지분 등을 중심으로 따져봐야 한다.

최근에 도심의 역세권을 중심으로 임대 수익을 목적으로 한 원룸주택의 임대 및 분양이 활기를 띠고 있다. 상대적으로 적은 투자 금액으로 임대 수익을 낼 수 있기 때문이다. 대부분 역세권의 대중교통 이용이 편리한 지역과 깔끔한 인테리어 및 시설에 따라 임대 가격이 결정되므로 투자 목적에 따라 체크리스트를 만드는 것도 좋은 방법이다.

▷ 연립주택

연립주택은 다세대주택과 마찬가지로 주택으로 쓰는 1개 동의 바닥면적 합계가 660m² 초과하고, 층수가 4개 층 이하인 공동주택을 말하지만, 일반적으로 단지를 이루고 있으며 독립주택과 아파트의 중간 형태를 띠고 있다. 서울에서는 1980년대 구획정리방식으로 개발한 택지지구에서 많이 공급된 형식이다. 대부분 건축허가를 받아 소규모로 공급되어 관리가 허술한 점이 있지만, 일정 규모의 단지가 형성된 연립주택의 경우에는 편의 시설이나 주차장 시설이 갖추어져 있다.

규모의 측면에서 다세대주택과 차이를 둘 뿐 대체로 주택을 구입하는 기준은 다세대주택의 그것과 다르지 않다.

▷ 다가구주택

다가구주택은 건축법을 근거로 하여 여러 가구가 한 건물에 거주할 수 있도록 건축한 주택으로 층수가 3개 층 이하이고, 1개 동의 주택으로 쓰는 바닥면적(지하주차장 면적 제외)의 합계가 660m² 이하이며, 19세대 이하가 거주할 수 있도록 축조한 주택을 말한다.

여러 가구가 한 건축물에 거주할 수 있는 구조라는 점에서 다세대주택과 외관상 구분이 어려우나, 가장 큰 차이점은 소유권이 구분되어 있지 않다는 것이다.

즉, 한 집에 주인을 포함한 다섯 가구가 함께 거주한다면 나머지 네 가구는 세입자인 셈이다. 소유자의 입장에서 보유 주택 수는 하나지만 거주하는 세대를 제외하고는 임대를 놓을 수 있기 때문에 거주와 임대 수익을 동시에 만족하는 부동산 투자 상품으로 점차 관심을 끌고 있다. 다가구주택 역시 거주와 임대를 동시에 만족시켜야 하기 때문에 선택의 기준은 다세대주택과 크게 다르지 않다.

첫째, 교통의 편의성과 주차장 등이 갖추어져 있으면 좋다. 역세권 주변이나 버스 정류장 등이 가까워야 한다는 조건은 어렵지 않게 맞출 수 있지만, 대체로 주차장 면에서는 취약한 집이 대부분이다. 주차장이 없다고 해서 임대나 매매가 아주 어려운 것은 아니다. 구입을 검토하고 있는 집의 주변에 공용 주차장이나 공공시설 등이 있다면 좋겠고, 도로와는 당연히 맞닿아 있는 집이 좋다. 골목주차를 고려해야 하기 때문이다. 도로의 폭은 최소 6m 이상인 집이 좋다.

둘째, 다가구주택의 경우도 대지의 크기는 중요하게 살펴야 할 대목이다. 주택의 가치는 건물과 토지 가격을 합해서 결정되기 때문이다. 또 재개발 계획 등을 검토하여 다가구주택을 구입할 수 있는데, 이 경우에는 대지의 크기뿐 아니라 사업 진행 단계와 사업 진행 속도 등을 점검해 보아야 한다. 재개발 구역 안의 다가구주택이라면 노후되었다 하더라도 쉽사리 유지 보수를 결정하기 어려워 임대 자체가 어려워질 수 있기 때문이다.

셋째, 학교와 학원, 시장과 마트 등의 편의 시설이 가까운 곳에 있는지 확인한다.

가까운 곳에 편의 시설과 학교가 있다면 당연히 임대를 놓기에도 수월하고 집 자체가 가지고 있는 매력도 커지게 된다. 간혹 일일이 어떻게 그런 조건을 다 확인할 수 있느냐고 묻는 이도 있는데, 주변의 부동산 사무실에 들러 전세나 월세 등의 임대 가격을 물어보는 방법을 쓰기도 한다. 물론 상세히 지역 정보를 알아보는 것이 옳지만 비슷한 매매 가격에 대비하여 임대 가격이 높은 동네의 다가구주택을 관심 있게 보게 되는데, 높은 임대 가격에는 교통과 생활의 편의성 등의 장점이 반영되어 있기 때문이다.

넷째, 다가구주택을 구입할 때도 마찬가지로 자금 계획을 세밀하게 세워야 하는데 다가구주택의 경우는 거의 은행 대출이 어렵다고 보고 구입 자금 계획을 세우는 것이 좋다. 대부분의 3층 다가구주택은 방 개수가 열 개 이상이다. 다가구주택의 경우 담보인정비율이 아파트에 비해 낮은 것은 두말할 나위 없고, 대출 가능 금액이 나오더라도 방 개수에 따라 대출금을 빼면 실제로 대출 가능한 금액이 거의 없다. 다가구주택을 구입할 때는 매매 대금에서 이미 채워진 임대 보증금을 뺀 나머지가 필요 자금이라고 보고 구입 자금 계획을 세우면 무난하다.

다섯째, 다가구주택은 소유자가 거주를 하고 나머지 세대를 임대하는 경우가 많다. 각 세대마다 소유자가 따로 있는 다세대주택과 달리 임대를 주는 세대를 포함한 전체 집 관리가 주인의 몫이다. 따라서 가급적 다가구주택을 구입할 때는 특히 하자 수리와 보수를 위해 비용이 들어갈 여지가 있는지 확인하는 것이 중요하다. 또한 보유하는 기간 동안에도 주택의 관리에 세심하게 신경을 써야 한다.

▷ 단독주택

단독주택은 한 가구만을 위해 독립적으로 살 수 있는 구조의 주택인 만큼 투자보다는 가족 단위와 개인의 취향에 맞추어 주거 계

다가구 · 다세대 · 단독주택 구분		
다가구주택	다세대주택	단독주택
단독소유 (지분소유) : 토지 및 건물 전체에 대한 소유지분 주택 수 : 1호 주인 가구를 제외하고 세입자 가구 포함	집합건물로 분류 : 토지, 건물의 지분을 세대별로 나누어 가짐 주택 수 : 5호 세대별로 소유자 있음 세대별로 임대 가능	단독소유(지분소유) : 토지 및 건물 전체에 대한 소유지분 주택 수 : 1호 기본적으로 단일 가구

획을 세울 수 있다. 단독주택의 투자는 크게 두 가지 정도로 나누어 볼 수 있는데, 재개발 투자의 관점에서 보는 단독주택 투자와 실입주를 염두에 둔 택지지구의 단독주택 투자 등으로 구분지어 생각할 수 있다.

판교신도시 내의 단독주택 택지 등은 2011년 5월에 발표된 '건설경기연착륙 및 주택공급활성화 방안'에 따라 택지개발지구의 단독주택에 대한 층수 제한과 가구 수의 제한 등이 완화되었고, 주택에 대한 인식이 바뀌며 단독주택 수요가 조금씩 늘어 가고 있다.

상대적으로 투자의 목적이 약한 부동산이지만 단독주택 역시 거주의 편의성 등을 무시할 수는 없다. 교통과 편의 시설은 당연히 검토 대상이며, 수도권이라면 서울과의 접근성 등을 고려해야 하고 지방 택지의 경우에는 중심업무지구나 산업단지가 가까운지 확인해야 한다.

특히 택지지구 내의 단독주택 투자나 지방의 전원주택 투자 등을 검토한다면, 택지 분양가 또는 토지 가격 외에 건축비와 세금 등 추가 비용에 대한 자금 계획을 여유 있게 세워야 함을 잊지 말자.

[상가]

상가는 수익을 목적으로 투자하는 대표적 부동산이라고 할 수 있으며, 근린상가, 상가주택, 단지 내 상가, 주상복합 상가, 전문테마상가, 쇼핑몰 등이 여기에 포함된다. 상가 투자는 보유세나 양도세가 강화된 주택에 비해 세금 부담이 적고, 은행 금리보다 높은 임대 수익을 기대할 수 있는 투자 상품으로 인식되고 있지만 경기에 민감하게 영향을 받는 투자 상품이기도 하다. 경기가 좋을 때는 높은 수익률과 시세 차익까지 누릴 수 있지만, 경기 침체를 맞는 경우 급격히 투자 수익성이 떨어지며 상권에 따른 양극화 현상이 쉽게 나타나는 까닭이다. 따라서 각별히 상권에 대한 분석과 투자 수익성 또는 투자 가치를 세심하게 살펴야 한다.

투자 대상이 되는 상가의 종류와 목적에 따라 투자 금액도 천차

건축법을 기초로 한 주택의 구분		
	이미지	특징
근린상가		• 입지가 가장 중요 : 역세권, 대로변의 상가가 좋다. –1층 코너, 신호등, 버스 정류장 등을 인접한 상가 –출·퇴근 및 주동선에 가로로 길게 뻗어 있는 상가 등
상가주택		• 근린상가지역에 위치한 주택형 상가로 소유주가 직접 거주 –주거 해결과 월세 수입을 올릴 수 있는 이점 –주택비율보다 상가면적이 많으면 1가구 2주택을 피할 수 있는 세제상의 장점 –지역과 규모에 따라 차이가 심하고 직접관리가 어려움
단지내상가		• 배후 단지 규모와 주변 상권과의 경쟁관계를 살펴본다. –단지 입구보다 주민의 이동동선에 위치한 곳이 유리 –단지의 주력평형이 66~99㎡ 중·소형 단지 내 상가가 유리 –단지 인근에 활성화된 상권이 있으면 1층을 제외하고는 불리
주상복합 상가		• 주거와 상업공간이 하나의 건축물에 공존 –도심 또는 중심지에 위치하여 교통 및 접근성이 좋은 편 –배후 주거단지가 적을 수 있으므로 주변과 이어지는 상권 유리 –전용면적의 비율이 적은 편, 실제 크기 확인 필요
전문테마 상가		• 건물 전체가 하나의 테마로 구성된 대규모 상가 –의류상가, 한방상가, 공구상가, 전자상가 등 –한 곳에서 비교해서 최상의 상품을 선택할 수 있음 –온라인쇼핑몰과 일부 지역에 편중되어 접근성이 떨어짐
쇼핑몰		• 대규모 상가에 개인점포를 분양하여 점포주들이 모여 운영 –점포마다 개별 영업이 가능하지만 –쇼핑몰 전체의 일관된 정책이나 이미지 형성이 어려움

만별인데, 다음에서는 상가의 종류별 특성과 주의점에 대해 살펴보기로 하자.

▷ 근린상가

근린상가란 주거 지역 인근에 입지하며 약국, 작은 규모의 병·의원이나 학원, 슈퍼, 미용실 등 주민의 생활 편익을 제공하는 상점이 몰려 있는 곳을 말한다. 주변에서 쉽게 볼 수 있는 도로변의 상가는 대부분 근린상가라고 보아도 좋으며, 건축법상 제1종과 제2종 근린 생활 시설 및 일부 판매 시설이 있다.

▷ 상가주택

단일 건물에 1~2층은 상가나 사무실로 사용하고, 3층 이상은 주택으로 사용하는 상가 건물을 말한다. 주택 층에는 주인이 거주하고 1, 2층은 임대를 놓아 월세를 받는 경우가 많다.

▷ 단지 내 상가

주택법의 적용을 받아 건축하는 아파트 단지 내에 설치하는 상가를 말한다. 구매 시설 및 생활 시설로 편의용품, 생활서비스 제공이 목적인 상점이 입지한다. 배후지는 아파트 단지로 비교적 좁은 편이나, 단골 고객과 가족 단위 고객을 잘 유치하면 매출의 변동이 안정적이라는 장점이 있다. 편의점, 슈퍼마켓, 청과점, 안경점, 세탁소, 인테리어점 등 생활 편의용 업종이 입점한다.

▷ 주상복합 상가

주거 공간과 상업 공간이 복합된 건물로 주상복합 아파트와 주상복합 오피스텔의 상가를 말한다. 상업 시설만으로 가득 찬 업무 지역 또는 시내 중심부에 주거 공간을 마련함으로써 거주지와 근무지 간의 출퇴근 차량 운행과 교통량을 줄이고 퇴근 후 시내의 공동화 현상을 막기 위해 도입되었다. 따라서 주로 지하철역 근처에 지어지며 건물의 지하나 지상 1~3층을 차지하고 있다.

▷ 전문테마상가

테마상가란 하나의 주제를 삼아 그와 관련된 업종을 중심으로 집단화시킨 형태의 상가를 말한다. 의료 관련, 음식점 관련 혹은 의류 매장 등의 건축물로 특성을 살렸다. 서울 동대문의 의류상가가 좋은 예다. 건물 규모가 커지면서 최근에는 복합테마상가라는 개념을 적용하여 더 넓고 복합적인 기능을 갖춘 상가들이 늘어나고 있다.

▷ 쇼핑몰

쇼핑센터라 부르기도 하며 각각의 점포를 개인이 분양받아 점포주들이 함께 모여 운영하는 방식이다. 점포마다 소유자가 다른 까닭에 어느 정도 개별적인 영업이 가능하지만 쇼핑몰 전체의 일관된 정책이나 통일된 이미지를 형성하기 어려운 단점이 있다.

상가는 입지와 규모뿐 아니라 개발 형태나 개발 주체, 사업 주체에 따라서도 특성을 달리한다. 투자 금액 또한 적게는 1억 미만부터 수십억까지 천차만별이므로 여기서는 보편적인 상가 투자 시에 주의해야 할 점을 이야기하고자 한다.

상가 역시 성공적인 투자를 위해서는 발품을 많이 팔아야 한다. 단순히 목표한 상가만 보는 것이 아니라 상가 주변의 시간대별 유동 인구와 동선을 체크하고, 주변 점포의 업종 구성이 어떤지 확인하는 등의 기본적인 상권 분석이 필요하다. 만에 하나 잘못된 상권 분석으로 상가를 구입했을 경우 임대도 나가지 않고 적당한 업종도 찾지 못한다면 관리비 부담은 물론 금융비용까지 고스란히 투자자의 몫이 된다는 것을 잊지 말자.

특히 분양상가의 경우 '수익률 보장'이나 '임대 확보' 등을 내세워 영업을 하는 경우가 많은데 주변의 임대 시세와 차이가 있는지, 제시된 수익률이 과장된 것이 아닌지 반드시 확인해야 한다. 일단 매매 계약을 한 뒤에는 어떤 것도 조정하기 어렵다.

분양상가의 경우 전용률은 60% 이상인 것이 바람직하다. 상가나 사무실은 구조가 단순하고 복도가 넓게 탁 트여야 고객이 편안하게 쇼핑할 수 있기 때문이다.

상가 투자를 처음 접하는 투자자라면 업종이나 수요층이 확보된 지역의 상가를 선택하는 것이 좋다. 예를 들어 아파트 등의 배후지가 확정된 곳으로 경쟁 점포가 늘어나기 어려운 지역이면 일단 안심이다. 안정적으로 확보된 배후 세대 수를 기반으로 하되 주변 5km 이내에 대형 마트나 백화점이 없다면 더욱 좋은 상가의 조건이라고 할 수 있다. 이런 조건의 아파트 단지 내 상가라면 꾸준한 수익을 기대할 수 있는 장점이 있다.

상권 자체가 아직 활성화되지 않은 신흥 상권이라면 장기적인 측면에서 검토하여 구입하는 것도 좋다. 이 경우에는 특히 주변의 노점상의 흐름 등을 살펴보는 것이 좋은데 대체로 노점상이 활성화된 지역은 일단 합격점을 주어도 좋다. 신흥 상권 중에서 교통 인프라 확충과 유동 접근성의 호재를 개발 호재로 내세우는 지역이라면 신중히 생각하는 것이 옳다. 대체로 교통과 유동의 편리함이 생긴다는 것은 주거 관련 호재일 뿐 상권에는 오히려 약점이 될 수도 있기 때문이다. 빠른 교통망은 인근의 큰 상권으로 소비자를 이동시키기 또한 편리하니 말이다.

상가 입지의 기본은 접근성과 가시성이다. 소비자가 상품을 보고 구매 결정을 하기까지 몇 초간 시선을 끌고 있을 만한 점포의 전면 길이가 필요하다는 뜻이다. 또한 업종에 따라 다르지만 매장의 규모는 매출에 어느 정도 영향을 준다. 따라서 상가 자체의 입지만큼 매장의 전면이 넓은지 살펴야 한다.

상가를 구입할 때에는 가급적 임차인이 있는 상가를 구입하는 것이 좋다. 구입과 동시에 임대 수익을 낼 수 있기 때문이다. 이때 주위 상권의 임대료 수준을 확인하여 구입 여부를 결정해야 함은 물론이다. 또한 근린상가의 경우 층별 업종의 구성도 살펴봐야 하는데 상가건물 전체가 상호 보완의 성격을 가진 업종으로 구성되어 있다면 임대를 놓기에도 훨씬 유리하다.

주택지 상권은 버스 정류장, 재래시장 입구 등 비교적 소규모로 자연스럽게 형성되어 있다. 주택지 상권이라 하더라도 규모는 중요한데 대체로 연달아 이어진 점포 수가 50개 이상이면 주택지 상권의 규모로서 양호하다고 볼 수 있다. 이러한 주택지 상권 내의 일급지라면 상가주택 투자로 적합한 조건을 가졌다고 볼 수 있다.

살펴본 바와 같이 상가 투자의 기본은 상권의 분석이며 향후 커갈 수 있는 상권에 접근성과 가시성이 갖추어져야 투자에 적합한 상가라고 말하고 있다. 그렇다면 이쯤에선 이런 질문이 나올 법하다.

"안정된 지역의 좋은 상권에 유동 인구도 많고 전면도 넓은 상가라면 당연히 투자 금액이 많이 들 텐데, 상가 투자는 적은 금액으로 할 수 없나요?"

사실 질문처럼 상가의 투자에서 안정되거나 발전 가능성이 있는 상권에 여러 조건을 갖춘 상가를 나의 투자 금액에 맞추어 구입한다는 것은 불가능한 일처럼 보이기도 한다. 그러면 상가 투자에 기준은 없을까?

주택의 급매물 투자에서와 마찬가지로 상가 투자에서도 수익률을 기준으로 삼아야 한다.

주택지 상권, 아파트 단지 내 상권, 신흥도시 상권, 역세권 상권, 도심 상권, 대형 상권 등 상권의 종류에 따라 상가의 가격은 천차만별이다. 거기에 상가의 형태에 따라 근린상가, 상가주택, 분양 상가 등의 종류까지 더하면 판단의 기준이 흔들릴 수 있기 때문이다.

상가 투자는 부동산의 경기가 상승세를 탈 때 시세 차익과 임대 수입이라는 두 가지 수익을 취할 수 있고, 부동산 경기가 안정기에 접어들거나 쇠퇴기에 들어서도 임대 수입을 기대할 수 있다. 따라서 상가의 가치는 이 임대 소득에 의해 결정된다고 볼 수 있으며 임대 수익을 기반으로 상가의 투자 수익률을 분석해 볼 수 있다.

예를 들어 매매가 3억 원의 상가를 보증금 6천만 원에 월 150만 원의 임대를 끼고 매입했다면 이 상가의 연 수익률은 얼마나 될까?

$$\text{상가의 연 수익률} = \frac{\text{연간 임대 수익}(150 \times 12)}{\text{상가 구입가격}(2억\,4,000)} \times 100 = \text{연 } 7.5\%$$

대체로 검증된 상권에서 연 7~8% 정도인 임대 수익률을 보여주는 상가라면 적극적으로 투자를 검토할 만하다.

그러나 서울 및 수도권에서 상가주택이나 근린상가 건물의 경우 이보다 낮은 4~5% 이하의 수익률을 보이는 곳도 많은데, 연 수익률이 낮다고 해서 투자 가치가 없는 것은 아니다. 도심의 낡은 건물의 경우 입지에 따라 높은 토지 가격에 비해 수익률이 낮은 경우가 많은데, 이 경우에는 주변 건물의 거래액과 비교하여 매매가가 책정된다. 대체로 현재의 수익률보다는 미래의 기대 가치에 더욱 비중을 둔 가격이라고 보면 좋을 것이다.

상가투자에서 수익률을 따져 봐야 할 것은 기본이지만 이것만으로 투자 결정을 해서는 곤란하다. 현재의 수익률과 함께 미래의 장래성을 검토해 보고, 동시에 상가 관리가 용이한지, 편의성이 있는지 등도 확인해야 한다.

[재개발 · 재건축]

헌 집 줄게, 새 집 다오! 재건축 vs 재개발 vs 뉴타운

▷ 재건축

1960년대 후반 우리나라에 공급되기 시작한 아파트들은 대부분 지은 지 20년이 지나며 건물의 안과 밖이 낡고 기능과 시설이 노후하여 거주민들의 불편이 커졌다. 1980년대 후반부터 높아진 소비 수준과 함께 재건축을 통해 새로운 주거 환경에서 쾌적하게 살고자 하는 욕구가 급증했다. 재건축은 '도시 및 주거환경 정비법'에 따라 재건축사업이 가능하도록 기준을 정해 두고 건물 소유주들이 조합을 구성해 기존의 낡은 아파트나 연립주택 지구를 허물고 다시 짓는 것을 말한다.

초기에 지어진 단지는 5층 이하의 아파트들이 많아 이들 단지가 재건축되면 15층이나 20층 이상 높게 지어 기존 조합원들은 더 넓은 평수로 갈 수 있고 남은 아파트는 다른 사람에게 분양할 수 있어

개발 이익도 커지게 된다. 이렇게 되면 기존 주민의 기대뿐 아니라 외부에서도 재건축에 따른 기대심리가 커져서 투기 수요까지 몰리게 되어 단지 가격이 상승하고 인근 지역의 부동산까지 가격의 상승세가 번지게 된다. 재건축 아파트가의 급등으로 정부는 안전진단 등 추진 절차 및 기준 강화, 후분양제 및 소형 평형 의무비율 확대 등의 규제를 강화하고 있는 실정이다.

결과적으로 이제 재건축이 된다고 해서 가격이 상승한다고 보기는 어렵고, 오히려 정확한 투자 분석과 장기적인 자금 계획을 함께 세워 구입하여야 한다.

강남 지역을 중심으로 한 재건축 아파트에 규제가 많아지면서 재건축 아파트에 대한 열기가 시들해진 것은 사실이다. 그러나 꼼꼼한 분석을 통해 가치 상승이 기대되는 단지나 현재 재건축 단지가 아니더라도 재건축을 염두에 두고 장기 투자를 겨냥한 오래된 아파트에 대한 투자는 긍정적으로 검토해 볼 필요가 있다.

재건축은 대지지분, 토지 가격, 재건축 계획의 현실성과 진행 여부, 조합원 수 등을 기준으로 투자 수익성과 전망을 가늠해 볼 수 있다.

첫째, 대지지분이란 하나의 아파트(가구)가 단지에서 차지하는 땅의 크기를 의미한다. 대지지분을 기준으로 조합원이 무상으로 받을 수 있는 아파트 평형을 결정하며 대지지분이 많을수록 아파트의 재건축 시 넓은 평형의 아파트를 배정받을 수 있어 수익성도 크다고 볼 수 있다.

둘째, 초기 자금이 많이 들어가는 점이 부담스럽기는 하지만 이왕이면 토지 가격이 높은 지역의 단지를 선택하는 것이 좋다. 토지 가격이 높다는 것은 입지 자체가 선호되는 지역이라는 뜻이며 일반분양가 역시 높게 책정된다는 의미이기도 하다. 조합원분 이외에 추가로 지어지는 아파트를 일반분양할 때 일반분양가가 높으면 그만큼 개발 이익으로 이어질 수 있다.

좋은 입지의 아파트는 준공 후에도 아파트 가격이 높게 형성되어 추가의 이익을 볼 수 있는데 도곡동 도곡렉슬이나 문정동의 삼성래미안 등이 좋은 예다.

셋째, 같은 크기의 단지에 조합원 수가 적다면 당연히 건립 세대 수에 비해 일반분양분이 많아질 것이고 개발 이익은 커질 것이다. 반대로 조합원 수가 많다면 일반분양분이 줄고 전체적인 재건축 사업의 수익성이 줄게 된다.

넷째, 조합이나 시공사에서 제공하는 사업 계획이나 전망은 소형 평형 의무비율, 용적률의 규제와 같은 정부의 정책이나 규제 등과 차이가 있을 수 있다. 사업의 진행이 매끄럽지 않고 사업의 진행 속도가 늦어지면 추가 비용의 발생으로 이어지므로 수익성은 떨어진다.

다섯째, 아파트의 재건축 허용 연한은 준공연도에 따라 20년에서 40년까지 지역과 단지마다 다르게 적용된다. 또 투기과열지구에 포

재건축 추진절차			
1. 준비	**2. 시행**	**3. 관리 · 처분**	**4. 완료**
도시 및 주거환경정비 기본계획 수립	조합설립추진위원회 구성	관리처분계획인가	준공인가
−주민공람(14일 이상) −지방의회 의견청취 −지방도시계획위원회 심의	−토지 등 소유자 과반수의 동의 −위원장을 포함한 5인 이상의 동의	−토지 등 소유자 공람 (30일 이상)	−준공인가 및 고시 −토지분할 및 확정측량
예비안전진단 실시	정밀안전진단 실시	이주 및 철거	이전고시
−재건축 실시 여부 진단 및 결정			−등기촉탁
정비계획 수립 및 구역지정 신청	조합설립인가	착공 및 분양	청산
−주민공람(30일 이상) −지방의회 의견청취	−각 동별 구분소유자의 2/3 이상 및 토지면적의 1/2 이상의 토지소유자 동의 −전체 구분소유자의 3/4 이상 및 토지면적의 3/4 이상의 토지소유자 동의	−조합원 동 · 호수 추첨 −일반분양	
정비구역지정	사업시행인가		
	−일반인 공람(14일 이상) 총회 개최하여 조합원 과반수의 동의		
	분양신청		
	−사업시행인가 고시가 있는 날부터 60일 이내 토지 등 소유자에게 분양공고 −통지한 날로부터 30일 이상 60일 이내 분양신청(20일 범위 내 연장 가능)		

함된 재건축단지의 경우 조합이 설립되면 재건축단지의 입주 시점까지 전매를 할 수 없어 장기 투자의 관점으로 보고 자금 계획을 세

워야 한다. 다만 2003년 12월 31일 이전에 조합의 설립인가를 받은 단지의 경우 1회에 한해 전매가 가능하다. 이를 매입한 사람은 이후 전매를 할 수 없으며 입주 시점까지 끌고 가야 함은 물론이다.

▷ 재개발과 뉴타운개발

재개발은 오래된 아파트를 헐고 같은 자리에 새 집을 짓는 재건축과 달리 토지를 합리적이고 효율적으로 이용하고 도시 기능을 회복하기 위하여 시행되는 사업이다. 즉 도시 및 주거환경정비법이 정하는 절차에 따라 오래되고 낡은 건물이 모여 있고 기반 시설도 열악한 지역을 사업지로 정하여 주택과 주변 시설, 도로 등을 계획적으로 만드는 것이다. 이러한 사업의 특성상 재개발 사업은 재건축에 비해 규제가 적고 정부의 지원이 크다는 것이 장점이다.

그러나 기존의 재개발 사업이 소규모 구역 단위로 이루어지는 데다 민간 주도의 개발이 도시 기반 시설에 대한 충분한 고려 없이 주택 중심으로만 추진되다 보니 난개발로 이어지는 문제점도 발생했다. 이러한 문제점을 개선하기 위해 시행되는 새로운 재개발 방식이 뉴타운개발 사업이다.

뉴타운개발은 광역 단위의 계획적 개발로 해당 지역의 시 예산으로 도시 기반 시설을 확보함으로써 공공부문의 역할이 재개발보다 크다. 또한 주택 재개발 방식에 의존하던 재개발의 개념을 적정 생활권역을 계획적으로 개발하는 다양한 도시 개발 방식으로 활용하는 보다 큰 의미의 재개발이라고 볼 수 있다.

재개발 추진절차			
1. 계획	**2. 시행**	**3. 관리 · 처분**	**4. 완료**
도시 및 주거환경정비 기본계획 수립	조합설립추진위원회 구성	관리처분계획인가	준공인가
-주민공람(14일 이상) -지방의회 의견청취 -지방도시계획위원회 심의	-토지 등 소유자 과반수의 동의 -위원장을 포함한 5인 이상의 동의	-토지 등 소유자 공람 (30일 이상)	-준공인가 및 고시 -토지분할 및 확정측량
정비계획 수립 및 구역지정 신청	조합설립인가	이주 및 철거	이전고시
-주민공람(30일 이상) -지방의회 의견청취	-토지 등 소유자의 3/4 이상 및 토지면적의 1/2 이상의 토지소유자 동의		-등기촉탁
정비구역지정	사업시행인가	착공 및 분양	청산
	-일반인 공람(14일 이상) -총회 개최하여 조합원 과반수의 동의	-조합원 동 · 호수 추첨 -일반분양	
	분양신청 및 토지 · 건물 등에 대한 감정평가		
	-사업시행인가 고시가 있는 날부터 60일 이내 토지 등 소유자에게 분양공고 -통지한 날로부터 30일 이상 60일 이내 분양신청(20일 범위 내 연장 가능)		

뉴타운개발은 대상 지역의 자연 환경과 개발 현황, 지리적 여건 등에 맞춰 주택 재개발 구역을 중심으로 도시 기반 구조를 개선하

재개발의 분양조건		
구분 1	구분 2	내용
주택 (건축물)	허가	소유면적 상관없이 분양자격 인정
	무허가	소유면적 상관없이 분양자격 인정
		*무허가건축물의 정의 -서울시: 연면적 85㎡ 이하의 주거용 건물 (1982년 항공사진, 재산세 납부 등 1982. 4. 8 이전 건립 확증 필요) -인천시, 경기도: 1989. 1. 24 -부산시: 1989. 3. 29 -무허가 건축물대장에 등재된 건축물
토지	90㎡ 이상	분양자격 인정(각종의 지목, 이용현황과 무관)
	30㎡이상~90㎡미만	무주택자만 분양자격 인정(단독필지에 한해 보유면적 인정, 사업시행인가고시일~공사완료공고일까지)
	30㎡ 미만	현금청산
주택+토지	단독 · 다가구 · 다세대	소유면적 상관없이 분양자격 인정
	2003. 12. 30 이전 분리 다세대	전용 60㎡ 이상: 분양자격 인정 전용 60㎡ 미만: 조합정관에 따라 24평형 또는 임대아파트 배정(단, 두 개 이상 합하여 전용 60㎡ 이상이면 85㎡ 이하 주택으로 상향 신청 가능)
	2003. 12. 30 이후 분리 다세대	다가구로 취급하여 1세대만 분양자격 인정
기타	1990. 4. 21 이전 단독주택: 지분 및 구분등기 시 분양자격 인정 1997. 1. 15 이전 다가구주택: 지분 및 구분등기 시 분양자격 인정	

*분양자격 인정 기준일
_ 주거환경 개선사업: 구역지정공람공고일 전까지
_ 도시개발사업: 지구지정공람공고일 전까지
_ 재정비촉진지구에서 수용방식: 지구지정공람공고일 전까지
*재정비촉진지구: 토지만 있거나 건물(주택의 유.무허가 불문/오피스텔/상가건물)만 있어도 자격인정
* 건립가구수 대비 조합원 권리가액 순위로 평형배정(좋은 동. 호수는 조합원 우선배정 및 공개추첨)

는 주거 중심형 타운과 도심 또는 인근 지역에 주거, 상업, 업무 기능 등을 복합 개발하는 방식으로 건설되는 도심형 타운, 그리고 미개발지 등을 대상으로 주거, 상업, 생태, 문화 기능 등을 갖춘 신시

가지를 조성하는 신시가지형 타운의 유형으로 개발된다.

재개발은 지역, 개발 방식, 개개의 물건마다 가치가 달라질 뿐 아니라 사업 추진 단계가 복잡하고 구역에 따라 이해관계가 얽혀 있어 자칫 사업이 장기화되면 자금이 묶이는 단점이 있다. 상대적으로 불확실성이 덜한 구역 지정이 난 곳을 정하여 투자 대상으로 분석한 후 구입 여부를 결정하는 편이 좋다. 투자 방법과 시기, 사업의 진행 상황에 따라 수익성의 차이가 큰 재개발 투자는 어떤 점에 주의해야 할지 대략 살펴보기로 한다.

첫째, 부동산 투자는 가장 먼저 살펴야 할 것이 입지다. 재개발 투자 역시 입지를 가장 먼저 살펴 재개발 이후의 미래가치를 가늠해 보아야 한다. 특히 뉴타운 지역의 경우 이미 가격이 상당히 오른 상태이기 때문에 뉴타운개발에 관심을 두었다면 완공 이후 실거주까지 감안한 장기적 투자 마인드가 필요하다.

둘째, 분양 자격이 있는 조합원인지 살펴야 한다. 재건축의 경우에는 아파트만 구입하면 조합원 자격이 주어지지만, 재개발은 반드시 재개발 지분이 있는 주택이나 토지, 상가를 보유해야만 조합원의 자격이 주어지기 때문이다.

셋째, 재건축뿐 아니라 재개발에 있어서도 사업의 진행 속도는 중요하다. 단계별로 신속하게 진행되는 것이 투자 비용이나 기간면에서 유리하다는 것은 더 말할 필요가 없을 것이다. 재개발의 경우 사업 시행의 단계별로 가격이 달라지는데 대체로 구역 지정 이후에 급격히 상승한다. 구역 지정 이후의 투자는 안정적이라 볼 수 있지만 이미 가격이 상당히 올라 투자 수익보다 실수요자들이 구입하는 시기라 볼 수 있다.

넷째, 사업을 추진하는 조합 집행부와 협력업체, 시공사 등을 살펴보고 조합 내부에 분쟁이 있거나 조합장이 자주 바뀌는지 확인해야 한다. 조합 집행부의 사업 추진 능력으로 전체 재개발 사업의 수익성 여부를 가늠해 볼 수 있으며, 시공사가 어디냐에 따라 재개발 이후 들어설 아파트의 가격에 영향을 미칠 수 있기 때문이다. 해당 구청에서 기본 개발 계획과 진행 사항 등을 알아보고 현장을 직접 방문하여 이상 유무를 확인해 보자.

다섯째, 예상 건립 가구 수와 조합원 수를 확인해 보자. 재건축과 마찬가지로 일정한 면적 안에 조합원 수가 많으면 당연히 수익이 떨어질 수밖에 없다. 또한 재개발 구역마다 조합원 자격이 있는 일정 규모 이상의 지분을 보유해야 분양 자격이 주어지는데, 이 분양 자격의 기준은 해당 구청에서 반드시 확인해야 한다. 특히 2003년 12월 30일 이후 다가구에서 다세대주택으로 분리된 경우(일명 지분 쪼개기)에는 분리된 다세대를 통틀어 단 하나만 분양자격이 주어진다는 점을 반드시 기억하자.

*재개발 사업은 재개발 구역 내에 건축물(주택)만 소유하거나 토지만 소유한 경우에도 일정한 기준을 두고 분양 자격이 주어진다. 토지와 주택을 동시에 소유한 경우에는 당연히 분양 자격이 인정되지만 그 밖의 경우들은 어떤 기준을 적용하는지 다음의 표로 확인해 보자.

재건축 vs 재개발 비교표		
구분	재건축	재개발
근거법	도시 및 주거환경정비법	도시 및 주거환경정비법
목적	노후·불량주택 정비, 건설	노후·불량주택 개량 및 기반시설 정비
특성	거주민의 주거수준 향상 및 주택공급 기능(민간주택사업)	토지의 효율적인 이용 및 도시기능 회복(공공의 도시계획사업)
안전진단	실시	없음
사업주체	1. 재건축조합 2. 조합과 지자체, 주공·토공·지방공사 등과 공동시행 (조합원 동의 1/2)	1. 조합 2. 조합과 지자체, 주공·토공·지방공사 등과 공동시행(조합원 동의 1/2) 3. 조합과 건설업자(조합원 동의 1/2)
주택규모별 건설비율	전용 85㎡ 이하: 60% 이하 (전체면적의 50% 이하) 전용 60㎡ 이하: 20% 이상	전용 85㎡ 이하: 80% 이상 임대주택: 17% 이상 *200세대 미만 자연경관지구 및 최고고 도지구 내에서 7층 이하의 층수제한지 역의 경우 임대주택 건립하지 않음
세입자 대책	별도 대책 없음	주거이전비 지급 임대주택공급
이주대책	별도 대책 없음	임시수용시설 주택자금 융자 알선

기억해야 할 것, 알아야 할 것!

끊임없이 내린 비로 여름휴가마저 고스란히 집 안에서 보낸 지혜 씨의 여름은 길고 지루했습니다. 휴가를 대신해서 지혜 씨가 선택한 것은 집에서 그리 멀지 않은 도서관, 설익은 열기로 설레던 학창 시절을 떠올리며 후텁지근한 여름을 자기 계발의 시간으로 채웠습니다. 덕분에 읽어도 당최 와 닿지 않던 낯선 재테크 용어와 부동산 용어도 이제는 제법 친숙해진 스스로가 뿌듯하기도 합니다.

긴 장마와 태풍을 보내고 예년보다 일찌감치 추석 명절을 지내고 나니 어느새 가을이 깊어졌습니다. 여전히 뉴스와 인터넷 기사는 올 가을 이사철도 전세 값이 상승했다는 소식을 전하지만, 지혜 씨의 마음은 작년과 제법 달라졌습니다. 남아 있는 전세 만기일을 따져 보며 이번에야말로 내 집을 마련해 보리라 마음먹은 것입니다. 지난달에 만기를 채운 적금은 단기 저축 상품에 묶어 놓고 남편의 출근길을 계산해 보며 인터넷을 뒤적이는데 전화벨이 울립니다.

"엄마, 아빠, 서울엔 무슨 일이세요? 엄마 다리도 불편하시다면서……."

반가움에 함박웃음을 띠면서도 갑자기 오신 친정 부모님이 무슨 일인지 궁금합니다.

"내가 서울에 볼 일이 뭐가 있니? 딸 보러 왔지. 섰지 말고 이 짐이나 좀 날라라. 여보, 차 뒤에 트렁크 좀 열어 줘요." 친정어머니 역시 만면에 웃음을 담고 묵직한 보자기며 박스를 꺼냅니다.

"엄마, 딸 보러 오는데 그냥 오시면 되죠. 힘들게 이렇게 챙겨 오세요? 시장에 가면 다 있는데……."

젓갈과 고춧가루, 마늘과 찹쌀에 현미까지 거실 가득 보따리를 풀어 내는 어머니를 보며 지혜 씨는 괜히 한마디 합니다.

"그러게, 네 엄마 성화를 무슨 수로 말리냐? 이 젓갈 사느라 소래까지 들러 왔단다. 네 엄마 덕에 드라이브도 하고 딸내미 얼굴도 보니 아빠는 남는 장사다만, 하하."

"시장에 없어서 사 왔겠어? 그래도 직접 눈으로 보고 확인해서

국산으로다가 사야죠. 시집간 지 몇 년이 됐어도 배추나 제대로 볼 줄 알까 안 잊히고……. 김장이 어디 한 철 양식인가요?"

아직 추워지지도 않았는데 미리부터 김장 걱정이냐는 지혜 씨의 말에 작년 배추 값을 잊었느냐며 친정어머니는 펄쩍 뛰십니다.
"작년에 배추 값이 비싸 김장도 줄여서 했었어. 기억 안 나? 올해엔 배추 값이 떨어져서 어디는 밭을 갈아엎는다고 난리지만 두고 보렴. 이제 서리라도 내리면 배추 값이 엄청 오를 거야. 지금 한창 가격이 좋으니 미리 담가 두면 좀 좋아? 김치냉장고가 있으니 일찌감치 담가서 보관하면 걱정이 없지."
서울 오신 김에 구경이나 하며 좀 쉬고 가라는 지혜 씨의 성화는 못 들은 척 부모님은 하룻밤을 주무시며 배추를 사서 절이고 김치냉장고에 가득 김장 김치를 채우고서야 집으로 향하셨습니다. 모처럼 오셨는데 대접은커녕 잔뜩 일만 하시게 한 것 같아 부모님께 죄송하고 속상한 지혜 씨의 마음은 아랑곳없이 싱글벙글 웃으며 가시는 뒷모습에 가슴이 찌릿해집니다.

가슴 뭉클한 배웅을 하고 들어선 방 안, 뜨거운 차 한 모금을 삼키니 주변이 새삼 눈에 들어옵니다. 창밖의 하늘은 곧 비라도 뿌릴 듯 내려앉았고 조그만 화분의 국화도 꽃잎 색이 바랬습니다. 바람처럼 등장한 친정 부모님과 얼떨결에 해 버린 김장에 지혜 씨의 감정도 죄송함과 고마움이 김치의 양념처럼 버무려져 어쩔 줄 몰랐지만, 부엌 한편에 자리한 속 그득한 김치 냉장고를 보니 부자가 된 것 같아 절로 미소가 지어집니다.

결혼을 시켰어도 자식은 그런 것인지……. 멀리까지 와서 일만 하고 가셨으니 몸살이나 나지 않으실까 걱정이에요. 그건 그렇고 해마다 김치를 얻어먹다가 직접 엄마와 김장을 해 보니 주의할 점이 꽤 많더라고요. 배추와 소금을 고르는 것부터 버무리고 보관하기까지 열심히 메모를 해 두었으니, 내년엔 제가 직접 김치를 담가 엄마께 한 통 갖다 드리려고 해요.

와우, 열심히 배우려고 애쓰는 모습이 대견해서 이미 기뻤을 친정 어머니가 지혜 씨의 마음을 안다면 정말 뿌듯하시겠습니다. 김장은 겨울 양식이라는데 일찌감치 마쳤으니 홀가분하겠어요. 저도 슬슬 김장 준비를 해야 하는데 지혜 씨의 메모 노트가 궁금하네요. 호호.

먼저 우리 가족이 먹을 양을 가늠해서 김장의 양부터 정해야겠더라고요. 그래야 배추며 젓갈, 고춧가루 등 재료의 양을 정할 수 있거든요. 다음으로 젓갈이나 마늘, 굵은소금과 고춧가루 같은 재료는 제철에 미리 구입을 해 둬야 비용을 줄일 수 있다고 하더라고요. 세 번째로는 같은 김치라도 금방 먹을 것과 두고 먹을 것을 구분해서 갈무리하고, 각 재료마다 구입할 때 주의해서 살펴야 할 점이 있어요.

김장을 담그기 위해 정리한 것들을 이야기하다 보니 뭔가 공통점이

있군요. 사실 이번 겨울이 지나고 나면 전세 만기도 다가오니, 내년
엔 미루지 말고 우리 집을 장만해야겠다고 생각하고 있었거든요.

오호라, 내 집을 장만하거나 부동산 투자를 하는데도 잊지 말아야 할
것들이 있겠죠?

제가 첫 번째 우리 집을 장만하는 데 반드시 메모하고 살펴야 할 것
은 어떤 것들이 있는지 알려 주세요. 내년 이맘때 우리 부부가 시부
모님과 친정 부모님을 집들이에 초대한다면 제 손으로 담가서 드리
는 김치보다 더 기쁜 선물이 될 것 같아요.

지혜 씨의 생각에 동감입니다. 내년엔 지혜 씨의 계획대로 행복한
내 집 마련을 하시길 바라고 마음으로 응원하겠습니다.

현재의 상태를 파악하고 목표를 세우는 일은 모든 일의 기본이 되
는 것 같습니다. 업무를 효율적으로 하거나 공부를 할 때, 살림을
하거나 내 집 마련을 위해서도 마찬가지겠죠. 다만 부동산의 경우
에는 아무래도 큰돈이 움직이는 까닭에 좀 더 냉정하고 세심하게
계획을 세우고, 거래상의 실수를 줄이기 위해 부동산의 거래에 필
요한 서류 정도는 반드시 읽을 줄 알아야 한다고 생각합니다.

내가 세운 목표에 근접하고 자금 계획에도 딱 맞는 부동산을 찾았
다면 계약서를 작성하고 계약의 내용을 실행해서 소유권 이전까지
의 마무리를 잘 해야겠죠? 몇 번을 반복해도 부족함이 없는 내 집
마련 혹은 부동산 투자에 임하는 마음의 자세와 실제 계약을 원활
하게 하기 위해 기본적으로 알아야 할 서류에는 어떤 것이 있고 중
요하게 짚고 가야 할 부분은 무엇인지 확인해 보기로 하겠습니다.

19

부동산에 임하는 마음의 자세

국토해양부의 '2010년도 주거실태조사'(일반 가구의 가구 특성, 주거 환경과 주거 이동 등 국민의 주거 생활에 대한 조사를 국토연구원이 위탁 수행)에 의하면 주거 환경에 대한 만족도는 높아진 반면 최초 주택 마련까지 소요되는 기간은 8.48년으로 2008년 8.31년에 비해 길어졌다고 한다. 또 직장인 10명 중 8명이 무주택자(2011.5.31 한국경제 기사 참조)라거나 30대 직장인의 대부분이 '내 집 마련은 꼭 필요하다'(2011.9.28 조선일보 기사 참조)라는 설문 조사의 결과 등은 더 이상 새삼스러울 것도 없는 뉴스다.

빚을 지고라도 내 집을 마련하고자 하는 까닭에는 '심리적인 안정을 위해' '안정적인 노후를 위해' '이사 다니기 싫어서' '전월세가 천정부지로 올라서' 등 여러 가지가 있었다. 이유야 어떻든 집은 나와 가족의 보금자리이며 휴식처인 동시에 개인의 성취감 내지 안정감을 위해 반드시 필요하다고 인식하고 있다.

그러나 간혹 이렇게 말하는 이웃이나 후배도 있다. '대출까지 받으면서 내 집 마련이라니 그건 좀 아닌 것 같아요.' '요즘 임대 주택도 꽤 괜찮아요. 왜 굳이 힘들게 살죠?' '내 집 있으면 세금을 많이 내야잖아요.' '집값이 떨어질까 봐 걱정이 돼요.' 등등

각설하고 현재 무주택자라면 일단 내 집부터 마련하기를 권한다. 가장 보수적인 시각으로 거주와 재테크를 동시에 할 수 없다는 가정하에 생각해 보자.

첫째, 전세든 월세든 임대 주택에 살고 있다면 계약 기간이 있다. 자의든 타의든 계약 기간이 만료되면 이사를 해야 하는데 이사비와 중개 수수료, 도배와 장판 등을 생각하면 $60m^2$(전용면적)를 기준으로 200~300만 원 이상이 들기도 한다. 전세 보증금이 꾸준히 상승했던 것을 생각하면 2년 내내 적금을 들어서 보증금 올려 주고 이사 다니는 데 쓰는 셈이다.

둘째, 직장을 다니고 결혼과 육아를 하면서 노후 준비는 어떻게 해야 할까? 이제 집은 자녀에게 물려주는 재산이라기보다 자녀의 결혼을 준비하는 자금이며, 길어진 노후를 준비하는 최소한의 수단이기도 하다. 과연 임대 주택에서 이 모든 것들이 해결될 수 있을까?

셋째, 내 집을 가지기 위해서는 취득세를 내야 한다. 또 집을 가지고 있는 동안에는 보유세, 즉 재산세를 내야 하며 집을 팔아서 차익이 생겼을 경우에는 그 차익에 대해 양도소득세를 내야 한다. 취득세는 내 집을 마련하는 구입 자금으로 포함해야 마땅하고 양도소득세는 말 그대로 집을 팔 때 시세 차익이 있다는 가정하에 내는 세금이므로 주택을 보유하면서 내는 세금은 재산세와 종합부동산세 정도이다. (종합부동산세의 경우 소유한 주택이나 토지의 공시가격이 기준 금액을 초과하는 경우에 납부하며 1세대 1주택의 경우 공시가격 9억 원이 초과하는 경우에 과세 대상이 된다.) 재산세의 경우 일 년에 두 번 주택의 공시가격을 기준으로 해당 시군구청에서 고지하는데, 재산세 납부 의무 때문에 집을 마련하지 못한다면 세금에 대한 오해가 있는 것이 아닌가 생각된다.

넷째, 전세 보증금이 올라가는데 집값이 떨어진다고? 집값은 경기의 영향을 받아 등락이 있지만 전세 보증금은 전반적으로 꾸준히 상승해 왔다. 그리고 전세 가격의 상승이 어느 시점에 도달하면 집값은 떨어질 수 없게 된다. 이때는 무주택자가 내 집을 마련할 수 있는 절호의 기회이기도 하다. 오히려 두 눈을 크게 뜨고 적극적으로 급매 주택을 알아봐야 할 시기이다.

다섯째, 1주택자의 보유와 거주는 주택 시장의 상황에 끌려 다닐 이유가 없다. 주택 가격이 오르거나 보합이어도 주택의 보유와 거주가 눈에 보이는 수익이 되거나 손해가 되지는 않기 때문이다.

최근 들어 경기 부진과 부동산 시장의 침체를 염려하는 목소리가 점차 커지고 있다. 내 집 마련을 염두에 두고 있다면 두려워하거나 걱정에 빠지지 말고 꼼꼼히 따져 보자.

첫째, 내가 집을 산 뒤 집값이 더 떨어지면 어떡하지 하는 염려가 된다면 이 시장은 매수자 우위의 시장이다. 선택의 폭이 넓어졌다는 의미이니 이 시기를 잘 활용하는 것이 현명하다. 또한 돈의 흐름을 좇기보다는 내 기준에 합당한 급매물을 찾는 것이 중요하다는 사실을 잊지 말자.

둘째, 나와 가족의 재정 상태를 확인하고 매수 목적과 적절한 자금 계획을 세워야 한다. 물론 자금 계획에는 보유 자금뿐 아니라 대출금까지 고려해야 한다. 대출을 받는 경우 발생되는 이자 부담액과 상환 계획까지 자금 계획에 포함시켜야 함은 물론이다.

셋째, 준비를 철저히 한 뒤에 주택을 구입하거나 부동산 투자를 하겠다는 마음가짐은 탓할 까닭이 없지만, 완벽한 준비 때문에 기회를 놓치게 되는 경우가 더러 있다. 특히 부동산의 경우 철저한 검토를 하는 사이 남의 것이 되어 아쉬움을 남기는 경우가 많다. 내가 세운 기준에 조금 부족하게 느껴지는 부분이 있다면 보완할 방법이 있는지 확인한 뒤 일단 저지르자. 이미 시작된 일의 부족한 점을 채우는 것이 시작도 못 하고 고민하는 것보다 나은 일이니 말이다.

마지막으로 확신이 섰다면 과감하게 실행할 줄 알아야 한다.

많은 사람들이 내 집을 마련하거나 투자를 위해 부동산을 구입하면서 주변의 지인에게 문의를 한다. 부동산 투자로 돈을 벌었다는 사촌 언니나 강남에 집을 가진 과장님께 묻는 식이다. 내 자신의 재정 상태나 계획을 남이 나보다 잘 알 수는 없다. 그러니 남들이 하는 얘기에 자금 규모나 구입 계획이 흔들린다면 말이 되지 않는다. 그러나 절차나 진행상의 의문이 있다면 반드시 확인하고 넘어가야 한다. 잊지 말아야 할 것은 전문가를 최대한 활용해야 한다는 점이다. 이때 내게 도움을 줄 수 있는 전문가란 믿을 만한 공인중개사와 법무사 등을 말한다.

20

부동산 서류, 이것만은 알고 보자
: 흰 것은 여백, 검은 것은 글씨?

이제 내 집 마련과 부동산 투자를 위해 급매물을 찾아볼 마음의 준비가 되었다면 실제로 계약에 이르기까지 어떤 것들을 살펴야 할까? 내 집 마련이나 투자를 위해 직접 방문하고 검토하는 것은 누구나 하는 일이지만 의외로 계약서의 작성이나 공부(서류)를 읽는 일을 낯설어하거나 어려워하는 경우가 많다. 지금부터 내 집 마련과 부동산 투자를 위해 기본적으로 알아야 할 등기부등본과 건축물대장, 토지이용계획 확인서를 보는 방법과 계약서를 읽는 방법을 알아보기로 한다.

▷ 등기부등본

등기부등본은 해당 부동산에 관한 현황과 권리관계를 기재한 공부로서 토지, 건물로 구분되어 있는 부동산의 주민등록증이라고 볼 수 있다. 등기부등본을 통해 해당 부동산의 개요와 건축년도, 소유권과 소유권 이외의 권리 등을 한눈에 볼 수 있기 때문이다.

등기부등본은 크게 표제부와 갑구, 을구로 구성되어 있는데 표제부에는 해당 부동산의 소재지와 현황이 기재되어 있고, 갑구에는 소유권 및 소유권 관련 권리관계를, 을구에는 소유권 이외의 권리관계를 표시한다. 보통 토지와 건물의 등기부등본이 따로 있지만 공동주택이나 분양상가 등 집합건축물의 경우에는 표제부 안에 해당 부동산에 관한 건물의 표시(해당 건물동 전체의 현황)와 대지권의 목적인 토지의 표시(해당 건축물이 자리한 토지 전체의 표시)가 있고 각 호별로 전유부분의 건물의 표시와 대지권의 표시가 기재되어 있다.

계약을 하게 될 경우 반드시 계약서 작성 전에 부동산의 지번과 등기부등본 표제부의 지번이 일치하는지 보고 계약 당사자와 갑구의 소유자가 일치하는지 확인해야 한다. 또 등기부 등본에 을구가 없는 경우도 있는데 이는 근저당, 전세권 등 소유권 이외의 권리관계가 없기 때문이다.

1. 표제부: 건물등기부의 경우 소재지번과 건물 명칭, 건물 내역(간략한 건축물의 구조와 면적 등을 기재), 등기 접수일과 등기원인 등을 표시하고, 토지등기부의 경우 소재지번의 면적과 등기 접수일 및 등기원인과 기타 사항(토지의 경우 필지가 합필되거나 분할

등기부등본 1

등기부 등본 (말소사항 포함) - 건물

고유번호 1146-1996-182715

① 【 표 제 부 】 (건물의 표시)

표시번호	접 수	소재지번 및 건물번호	건 물 내 역	등기원인 및 기타사항
1 (전 1)	1999년7월19일	서울특별시 강남구 논현동 266-8	철근콘크리트조 슬라브 5층 근린생활시설 1층 177.00㎡ 2층 180.00㎡ 3층 180.00㎡ 4층 180.00㎡ 5층 180.00㎡ 지층266.46㎡ 옥탑 19.20㎡ 승탑용도 : 지층 : 다방 221.68㎡ 주차장 36.60㎡ 1층 : 소매점 2층 : 의원 3,4층 : 사무실 5층 : 탁구장	도면편철장 4책 56장
				부동산등기법시행규칙부칙 제3조 제1항의 규정에 의하여 1999년 01월 06일 전산이기
2	2003년9월12일	서울특별시 강남구 논현동 266-8	철근콘크리트조 슬라브 5층 근린생활시설 1층 177.00㎡ 2층 180.00㎡ 3층 180.00㎡ 4층 180.00㎡ 5층 180.00㎡	증축

고유번호 1146-1996-182715

표시번호	접 수	소재지번 및 건물번호	건 물 내 역	등기원인 및 기타사항
			6층 104.07㎡ 지층266.46㎡ 승탑용도 : 지층 : 다방 221.68㎡ 주차장 36.60㎡ 1층 : 소매점 2층 : 의원 3,4층 : 사무실 5층 : 탁구장	

② 【 갑 구 】 (소유권에 관한 사항)

순위번호	등 기 목 적	접 수	등 기 원 인	권 리 자 및 기 타 사 항
1 (전 1)	소유권보존	1999년7월19일 제81200호		소유자 신행표 370229-1****** 서울 서초구 방배동 2026-9 궁남아파트 6동 401호
				부동산등기법시행규칙부칙 제3조 제1항의 규정에 의하여 1999년 01월 06일 전산이기
1-1	1번등기명의인표시변경		2002년6월24일 전거	신행표의 주소 서울 동작구 이수동 189-8 매봉아파트 7-802 2002년10월31일 부기
2	소유권이전	2002년10월31일 제131540호	2002년9월30일 매매	소유자 이병욱 651011-1****** 서울 강남구 삼성동 48-9 매봉아파트 49-408
2-1	2번등기명의인표시변경	2007년11월1일 제82072호	2003년7월22일 전거	이병욱의 주소 서울특별시 강남구 논현동 266-8 603

되는 경우 등의 내용이 기재) 등이 표시된다.

등기부등본 2

고유번호 1149-1996-162718

③ 【　　　을　　　구　　　】 (소유권 이외의 권리에 관한 사항)

순위번호	등 기 목 적	접 수	등 기 원 인	권 리 자 및 기 타 사 항
1	근저당권설정	0000년10월01일 제101041호	0000년10월01일 설정계약	채권최고액 금1,020,000,000원 채무자 이영수 　　서울 강남구 삼성동 158-9 대림아크로빌 49-400 근저당권자 주식회사국민은행 110111-0013410 　　서울 중로구 중정동 100 　　←남산지점→ 공동담보 토지 서울특별시 강남구 논현동 26x-6
2	근저당권설정	2007년11월1일 제82073호	2007년11월1일 설정계약	채권최고액 금1,002,000,000원 채무자 이영수 　　서울특별시 강남구 논현동 26x-6 6층. 근저당권자 주식회사국민은행 110111-2365321 　　서울특별시 중구 남대문로2가 9-1 　　(방배역지점) 공동담보 토지 서울특별시 강남구 논현동 26x-6
3	1번근저당권설정등기말소	2007년11월2일 제83340호	2007년11월2일 해지	
4	근저당권설정	2007년11월21일 제87021호	2007년11월21일 설정계약	채권최고액 금1,560,000,000원 채무자 이영수 　　서울특별시 강남구 논현동 26x-6 6층 근저당권자 주식회사국민은행 110111-2365321 　　서울특별시 중구 남대문로2가 9-1 　　(방배역지점) 공동담보 토지 서울특별시 강남구 논현동 26x-6

2. 갑구: 건물과 토지 모두 소유권 및 소유권에 관련된 사항이 기재되는데 토지나 건물이 단독 소유자일 경우 '소유자' 로, 공동 소유일 경우는 '공유자' 로 기입된다. 소유권에 관련된 등기로는 소유권의 보존등기, 이전등기, 가등기, 압류, 가압류, 경매신청, 예고등기, 말소 및 회복등기 등이 있다. 갑구에 소유권 이외의 가등기, 가압류 등 소유권에 대해 분쟁의 소지가 있을 때 등기부의 맨 왼쪽에 순위 번호가 있는데 이 순위 번호에 나오는 등기 순서가 권리의 우선순위가 된다.

3. 을구: 소유권 이외의 권리라 함은 저당권, 지역권, 지상권, 전세권 등을 말하는데 역시 순위번호에 표시된 등기 순서대로 권

리의 우선순위가 매겨진다. 자주 볼 수 있는 부분이 계약을 체결할 때 근저당, 즉 대출이 있는 경우다. 대출로 인한 근저당의 경우 보통 그 금액이 채권최고액으로 표시되며 임대를 끼고 부동산을 구입할 경우, 채권최고액과 임대 보증금을 합한 금액을 매매 대금에서 별도로 구분하여 전체 매매 대금을 매도자에게 직접 건네는 일이 없도록 주의해야 한다.

▷ 건축물대장

건축물대장은 2장으로 구성되어 있으며 첫 장에는 건축물의 기본 사항과 현황, 소유자 현황 등이 기재되어 있고, 다음 장에는 건축 이력과 주차장, 승강기, 오수처리시설 등의 시설 내역, 건축물의 사용승인(일명 준공일) 이후의 변동 사항과 건축물의 에너지소비정보 및 기타 인증정보 항목을 볼 수 있다.

아파트의 경우에는 건축물대장을 별도로 살피지 않지만 특히 단독주택이나 다가구주택, 다세대주택 등을 구입할 때는 불법 건축물이 있는지 반드시 확인해야 한다. 특히 주택의 경우 꼭대기 층이나 베란다 부분을 불법 확장하여 불법 건축물로 기재된 경우가 있는데, 이 경우에는 해당 시군구청으로부터 이행강제금이 부과되어 차후에 분쟁의 이유가 되기도 한다.

1. 건축물 기본 개요: 건축물의 소재지 지번과 건물 면적, 높이, 층수 등 기본 사항과 용도지역, 건축물의 주용도와 주구조 등을 확인할 수 있으며, 특히 위반 또는 불법 건축물의 여부를 확인할 수

있다. 또한 건축물의 층별 세부 사항과 소유자 및 주소도 확인할 수 있는데, 주의할 점은 소유권에 관한 확인은 등기부등본이 우선한다는 사실이다.

건축물대장의 개요에서 볼 수 있는 용어를 정리하면 아래와 같다.

└ 대지면적: 건축물이 위치한 필지의 토지면적

└ 연면적: 건축물의 각 층의 바닥면적의 합계 즉, 총 건축면적을 말한다.

└ 건축면적: 건축물의 외벽의 중심선으로 둘러싸인 건축물의 부분을 수평 투영한 면적

└ 용적률 산정용 연면적: 지하층과 지상층의 주차용으로 쓰는 면적을 제외한 연면적(주민공동시설의 면적과 초고층 건축물의 피난 안전구역의 면적도 제외함)

└ 건폐율: 대지면적에 대한 건축면적의 비율

└ 용적률: 대지면적에 대한 건축물의 연면적(용적률 산정용)의 비율

2. 건축물의 기본 건축 정보와 시설 내역, 건축허가일과 사용승인일, 증축이나 용도변경 등 해당 건축물의 변동 사항과 함께 불법 건축물에 대한 세부 사항도 알 수 있다.

▷ 토지이용계획 확인서

토지이용계획 확인서는 기본적으로 도시관리 계획의 내용을 알려 주는 서류이다.

건축물대장

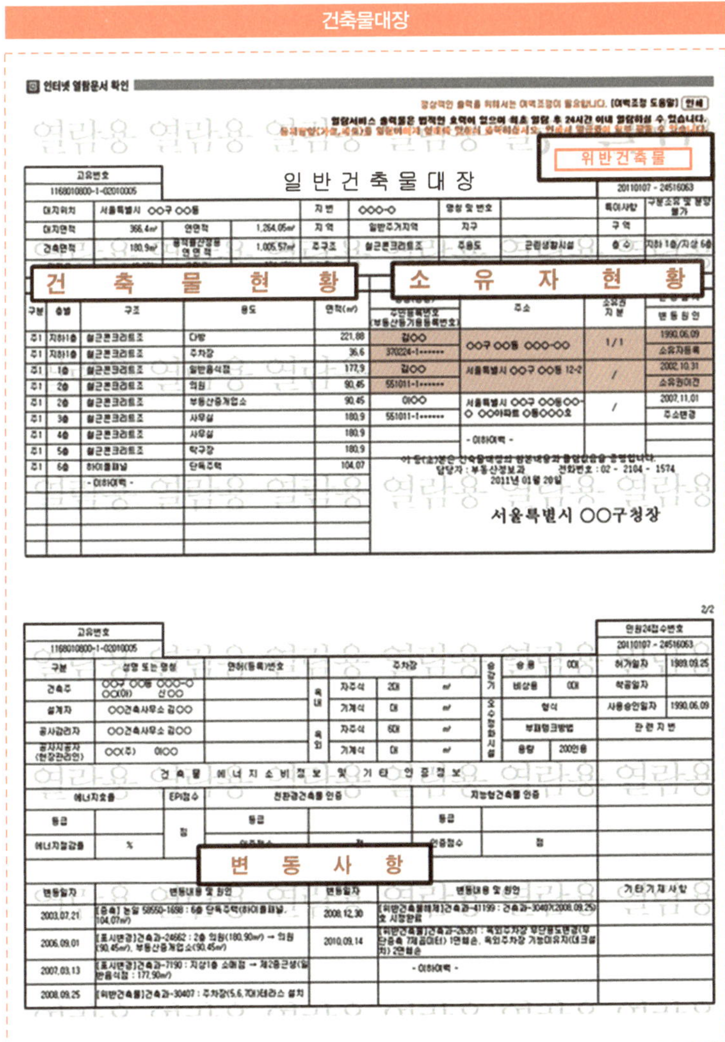

인터넷 열람문서 확인

정상적인 출력을 위해서는 여백조정이 필요합니다. [여백조정 도움말] [인쇄]

열람서비스 출력물은 법적인 효력이 없으며 최초 열람 후 24시간 이내 열람하실 수 있습니다.
등재발행(가로,세로)을 열람하시게 설정되어 있지 않으면 출력하십시오. 위에서 열람중의 일부 출력될 수 있습니다.

위반건축물

일반건축물대장

고유번호	1168010800-1-02010005								20110107 - 24516063	
대지위치	서울특별시 ○○구 ○○동		지번	○○○-○	명칭 및 번호		특이사항		구분조치 및 분양 불가	
대지면적	366.4㎡	연면적	1,264.05㎡	지역	일반주거지역	지구		구역		
건축면적	180.9㎡	용적률산정용 연면적	1,005.57㎡	주구조	철근콘크리트조	주용도	근린생활시설	층(수)	지하 1층/지상 6층	

건 축 물 현 황

구분	층별	구조	용도	면적(㎡)
주1	지하1층	철근콘크리트조	다방	221.88
주1	지하1층	철근콘크리트조	주차장	36.6
주1	1층	철근콘크리트조	일반음식점	177.9
주1	2층	철근콘크리트조	의원	90.45
주1	2층	철근콘크리트조	부동산중개업소	90.45
주1	3층	철근콘크리트조	사무실	180.9
주1	4층	철근콘크리트조	사무실	180.9
주1	5층	철근콘크리트조	학구장	180.9
주1	6층	하이플라넬	단독주택	104.07
		- 이하여백 -		

소 유 자 현 황

성명(명칭) 주민등록번호 (부동산등기용등록번호)	주소	소유권 지분	변동원인
김○○ 370224-1••••••	○○구 ○○동 ○○○-○○	1/1	1990.06.09 소유자등록
김○○ 551011-1••••••	서울특별시 ○○구 ○○동 12-2	/	2002.10.31 소유권이전
이○○ 551011-1••••••	서울특별시 ○○구 ○○동○○-○ ○○아파트 ○동○○○호	/	2007.11.01 주소변경
- 이하여백 -			

이 등(초)본은 건축물대장의 원본내용과 틀림없음을 증명합니다.
담당자 : 부동산정보과   전화번호 : 02 - 2104 - 1574
2011년 01월 20일

서울특별시 ○○구청장

2/2

고유번호	1168010800-1-02010005								민원24접수번호	20110107 - 24516063	

구분	성명 또는 명칭	허가(등록)번호		주차장			승강기	승용	○○	허가일자	1989.09.25
건축주	○○구 ○○동 ○○○-○ ○○(아) 신○○		옥내	자주식	20대	㎡		비상용	○○	착공일자	
설계자	○○건축사무소 김○○			기계식	대	㎡	오수정화시설	형식		사용승인일자	1990.06.09
공사감리자	○○건축사무소 김○○		옥외	자주식	60대	㎡		부패탱크방법		관련지번	
공사시공자 (현장관리인)	○○(주) 이○○			기계식	대	㎡		용량	200인용		

건 축 물 에 너 지 소 비 정 보 및 기 타 인 증 정 보

에너지효율		EPI점수	친환경건축물 인증		지능형건축물 인증	
등급		점	등급		등급	
에너지절감율	%		인증점수	점	인증점수	점

변 동 사 항

변동일자	변동내용 및 원인	변동일자	변동내용 및 원인	기타기재사항
2003.07.21	[증축] 논일 58650-1698 : 6층 단독주택(하이플라넬, 104.07㎡)	2008.12.30	[위반건축물말소]건축과-41199 : 건축과-30407(2008.09.25) 호 시정완료	
2006.09.01	[표시변경]건축과-24662 : 2층 의원(180.90㎡) → 의원(90.45㎡), 부동산중개업소(90.45㎡)	2010.09.14	[위반건축물]건축과-25351 : 옥외부차장 부단물도변경(부단물축 7개 곱미(t)) 1면철손, 옥외주차장 기능미유지(네크플지) 2면철손	
2007.03.13	[표시변경]건축과-7190 : 지상1층 소매점 → 제2종근생(일반음식점 : 177.90㎡)		- 이하여백 -	
2008.09.25	[위반건축물]건축과-30407 : 주차장(5,6,7대)테라스 설치			

해당 토지 소재지의 지번과 지목, 면적과 개별공시지가 등을 확인할 수 있으며, "국토의 계획 및 이용에 관한 법률"에 따른 용도지역·지구 등의 지정 여부를 볼 수 있다.

도시지역의 경우 크게 주거 지역, 상업 지역, 공업 지역, 녹지 지역 등으로 나뉘어 있는데, 용도 지역에 따라 건폐율과 용적률, 건축 가능한 건축물의 종류, 건축물의 높이 등이 제한된다.

또 중요하게 살펴야 할 부분이 "토지이용규제 기본법 시행령" 제9조제4항 각호에 해당되는 사항인데 이 항목에서 토지거래허가구역에 해당되는지를 알아볼 수 있다. 해당란에 "토지거래허가구역"이라고 되어 있다면 토지를 거래할 때 해당 시군구청에서 거래 허가를 받아야 한다. 이때 해당 시군구에서 6개월 이상 거주해야 한다는 조건을 달고 있는 경우가 많다.

확인도면은 지적도와 임야도를 합친 지적임야도로 제공되며 용도지역별로 색상을 달리 구분하여 보기 쉽게 표시되어 있다. 보통 1/500의 축척으로 표시되어 있지만 좀 더 자세히 보고 싶다면 조정을 해서 볼 수도 있다.

▷ 계약서

바야흐로 부동산의 실제와 서류의 확인이 끝난 뒤 구입으로 이끄는 실질적 단계이며 소유권의 이전과 길게는 보유 기간에 이르기까지 영향을 주게 되는 중요한 과정이 바로 계약서의 작성 단계이다. 부동산을 사고팔 때는 매도인과 매수인 간의 약정을 적어 교환

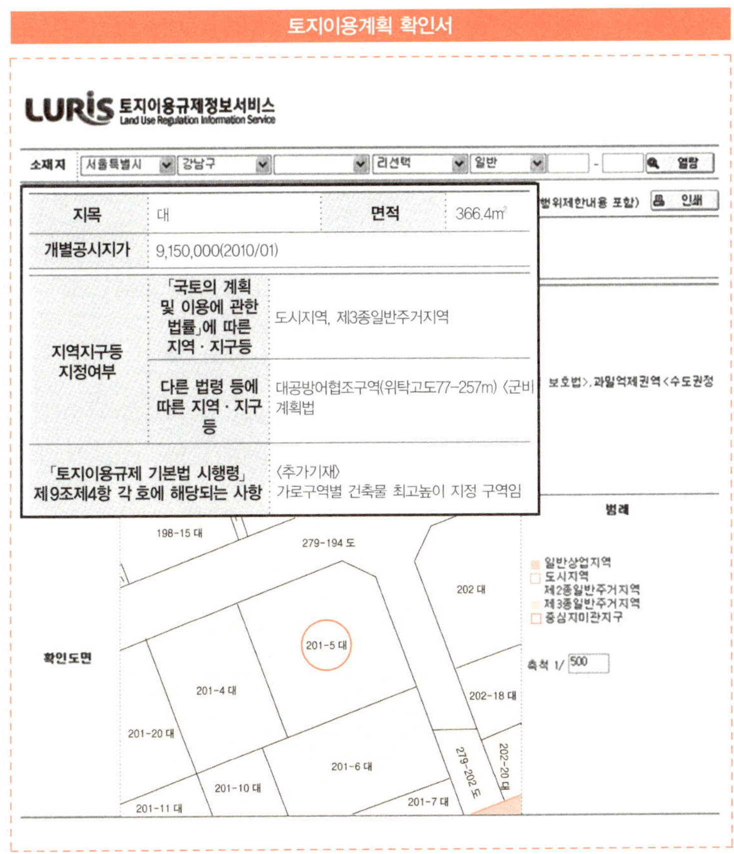

토지이용계획 확인서

지목	대		면적	366.4㎡
개별공시지가	9,150,000(2010/01)			
지역지구등 지정여부	「국토의 계획 및 이용에 관한 법률」에 따른 지역·지구등	도시지역, 제3종일반주거지역		
	다른 법령 등에 따른 지역·지구 등	대공방어협조구역(위탁고도77-257m) 〈군비 계획법		
「토지이용규제 기본법 시행령」 제9조제4항 각 호에 해당되는 사항	〈추가기재〉 가로구역별 건축물 최고높이 지정 구역임			

하는 매매 계약서를, 부동산을 임차할 때는 소유자인 임대인과 세입자인 임차인의 거래계약을 적은 임대차계약서를 작성하게 된다.

매매 혹은 임대차 등 부동산의 거래에서 거래 당사자 간의 의사 표현이 서로 합치하면 원칙적으로는 서면이나 구두상의 거래가 유효하게 성립되지만, 합의된 거래 내용을 확실하게 하고 후일에 발생할 수 있는 분쟁의 소지를 줄여 안전한 거래가 성립될 수 있도록 계약서는 꼼꼼히 작성해야 한다.

계약서는 크게 거래되는 해당 부동산의 표시와 대금의 지불 약속 등을 기입하는 계약 내용, 특약 사항의 기재 부분과 계약 당사자와 중개업자의 인적 사항 등 네 부분으로 나누어 볼 수 있다.

1. 부동산의 표시 : 매매 또는 임대 계약이 이루어지는 해당 부동산의 표시 사항을 소재지와 토지, 건물의 내역 등을 상세히 기재하는데, 등기부등본의 내역과 실제 부동산의 내역 등이 틀림없이 작성되는지 확인해야 한다.

2. 계약 내용 : 매매 계약의 경우 매매 대금과 계약금, 융자금, 중도금 및 잔금의 내역과 금액, 지불 일정 등 매도인과 매수인이 합의한 내용이 기재된다. 임대차 계약의 경우에는 보증금과 계약금, 중도금, 잔금 및 차임(월세)의 내역과 금액 지불일 등 임대인과 임차인이 합의한 내용을 기재한다.

3. 계약 내용 및 특약 사항 : 매매 대금의 지불 내역 및 일정 등을 제외한 합의 내용과 중개 수수료, 중개업자가 교부해야 할 서류 등의 내역과 함께 특약 사항이 기재된다. 부동산의 거래 특성상 물건마다 매도자와 매수자 간에 합의할 내용이 개별적으로 달라질 수 있다. 이때 특약사항란에 서로 합의된 내용을 기재하게 되는데, 차후에 해석을 달리하여 오해가 생길 수 있는 경우도 있기 때문에 구체적으로 명시하는 것이 좋다.

임대차 계약의 경우에는 임대차 기간을 포함한 계약 내용이 기재되며 마찬가지로 특약 사항을 기재하여 세부적인 합의 사항을 오해 없이 지킬 수 있도록 구체적으로 기입한다.

4. 계약서 작성 당사자의 인적 사항 및 중개업자 사항 : 매도인과 매수인(임대차 계약의 경우에는 임대인과 임차인), 그리고 중개업자의 사항이 기재되는 곳이다. 특히 매도인의 인적사항과 주소 등이 등기부등본의 소유자와 일치하는지 반드시 확인해야 하며 대리인이 계약을 하게 될 경우 계약 당사자와 대리인의 관계를 증명하는 서류(주민등록증, 의료보험증, 위임장, 위임용 인감증명서 등)를 반드시 확인해야 한다.

이 밖에 계약서를 작성할 때 중개업자는 '중개대상물 확인 설명서'라는 서류를 함께 작성해 주어야 하는데, 이는 중개업자가 중개가 완성되기 전에 중개 대상물의 정보를 중개 의뢰 매수인에게 설명해 주는 서류이다. 중개업자가 성실ㆍ정확하게 중개 대상물(거래되는 부동산)에 대하여 확인, 설명하지 않거나 설명의 근거 자료(중개대상물 확인 설명서, 등기부등본, 토지대장 등)를 제시하지 않으면 6개월 범위 안에서 자격정지처분을 받을 수 있다. 중개대상물 확인 설명서에는 거래 해당 부동산의 상태와 입지 등의 기본 사항과 권리관계, 입지 조건과 중개 수수료, 취득 시의 세율까지 상세히 기입하게 되어 있다. 계약서와 함께 중개 대상물에 대한 자세한 내역을 기재하는 서류이므로 자세히 살펴야 한다.

부 동 산 매 매 계 약 서

1. 부동산의 표시

2. 계약내용(매매대금 중심)

3. 계약내용 및 특약내용 확인

4. 계약 당사자 및 중개업자
:매도인(소유자) 및 계약 대리인 반드시 확인

KAR 한국공인중개사협회

계약서 : 임대차계약서

부 동 산 임 대 차 계 약 서

☐ 전세   ☐ 월세

중개대상물 확인 설명서 1

■ 공인중개사의 업무 및 부동산 거래신고에 관한 법률 시행규칙 [별지 제20호서식]　(제1쪽)

중개대상물 확인·설명서[I] (주거용 건축물)
([ ] 단독주택　[ ] 공동주택　[ ] 매매·교환　[ ] 임대)

※ [ ]에는 해당하는 곳에 √표를 합니다.

확인·설명 자료	확인·설명 근거자료 등	[ ] 등기권리증　[ ] 등기사항증명서　[ ] 토지대장　[ ] 건축물대장　[ ] 지적도 [ ] 임야도　[ ] 토지이용계획확인서　[ ] 기타(　　　　)
	대상물건의 상태에 관한 자료요구 사항	

유 의 사 항

중개업자의 확인·설명 의무	중기업자는 중기대상물에 관한 권리를 취득하려는 중기의뢰인에게 성실·정확하게 설명하고, 토지대장등본·등기사항증명서 등 설명의 근거자료를 제시하여야 합니다.
실제거래가격	「공인중개사의 업무 및 부동산 거래신고에 관한 법률」 제27조 및 같은 법 시행령 제23조제1항제5호의 실제거래가격은 매수한 부동산을 양도하는 경우 「소득세법」 제97조제1항 및 제7항과 같은 법 시행령 제163조제11항에 따라 취득 당시의 실제거래가격으로 보아 양도차익이 계산될 수 있음을 유의하시기 바랍니다.

① 대상건물의 표시	토 지	소재지				
		면적(㎡)		지 목	공부상 지목	
					실제이용 상태	
	건축물	면적(㎡)			대지지분(㎡)	
		준공년도 (증개축년도)		용 도	건축물대장상 용도	
					실제용도	
		구조		방 향	(기준 :　　　)	
		대장상 건축물 여부	[ ] 위반　[ ] 적법	위반내용		
② 권리관계	등기부 기재사항	소유권에 관한 사항		소유권 외의 권리사항		
		토지		토 지		
		건축물		건축물		
③ 토지이용 계획, 공법상이용 제한 및 거래규제에 관한 사항 (토지)	지역지구	지역			건폐율 상한	용적률 상한
		지구				
		구역			%	%
	도시계획 시설	허가·신고 구역여부	[ ] 토지거래허가구역　[ ] 주택거래신고지역			
		투기지역 여부	[ ] 토지투기지역　[ ] 주택투기지역　[ ] 투기과열지구			
	지구단위계획 그 밖의 도시관리계획	그 밖의 이용제한 및 거래규제사항				
④ 입지조건	도로와의 관계	(　×　m)도로에 접함 [ ] 포장 [ ] 비포장	접근성	[ ] 용이함　[ ] 불편함		
		버스 (　　　) 정류장	소요시간 : ([ ] 도보, [ ] 차량) 약　　분			
		지하철 (　　　) 역,	소요시간 : ([ ] 도보, [ ] 차량) 약　　분			
	대중교통	주차장 없음 [ ] 전용주차시설　[ ] 공동주차시설　[ ] 기타(　　　)				
	주차장	초등학교 (　　　) 학교,	소요시간 : ([ ] 도보, [ ] 차량) 약　　분			
		중학교 (　　　) 학교,	소요시간 : ([ ] 도보, [ ] 차량) 약　　분			
		고등학교 (　　　) 학교,	소요시간 : ([ ] 도보, [ ] 차량) 약　　분			
	교육시설	백화점 및 할인매장 (　　　),	소요시간 : ([ ] 도보, [ ] 차량) 약　　분			
		의료시설 (　　　),	소요시간 : ([ ] 도보, [ ] 차량) 약　　분			
	판매 및의료 시설	있음 [ ] 없음	관리주체	[ ] 위탁관리　[ ] 자체관리　[ ] 기타		
⑤ 관리에 관한 사항	경비실					

210mm×297mm[일반용지 70g/㎡ (재활용품)]

중개대상물 확인 설명서 2

(제2쪽)

| ⑥비선호시설(1km이내) | [ ] 없음 | [ ] 있음(종류 및 위서 : |) |

| ⑦거래예정금액 등 | 거래예정금액 | | |
| | 개별공시지가(㎡당) | | 건물(주택)공시가격 | |

| ⑧취득시 부담할 조세의 종류 및 세율 | 취득세 | % | 농어촌특별세 | % | 지방교육세 | % |

II. 중개업자 세부 확인사항

| ⑨실제권리관계 또는 공시되지 않은 물건의 권리 사항 | |

⑩내·외부 시설물의 상태 (건축물)	수 도	파손여부	[ ] 없음 [ ] 있음(위서 :)
		용 수 량	[ ] 정상 [ ] 부족함(위서 :)
	전 기	공급상태	[ ] 정상 [ ] 교체요함(교체할 부분:)
	가스(취사용)	공급방식	[ ] 도시가스 [ ] 기타( )
	소 방	소 화 전	[ ] 없음 [ ] 있음(위서 :)
		비 상 벨	[ ] 없음 [ ] 있음(위서 :)
	난방방식 및 연료공급	공급방식	[ ] 중앙공급 [ ] 개별공급 시설작동 [ ] 정상 [ ] 수선요함( )
		종 류	[ ] 도시가스 [ ] 기름 [ ] 프로판가스 [ ] 연탄 [ ] 기타( )
	승강기		[ ] 있음 ([ ] 양호 [ ] 불량) [ ] 없음
	배 수		[ ] 정상 [ ] 수선요함( )
	그 밖의 시설물		

⑪벽면 및 도배상태	벽 면	균 열	[ ] 없음 [ ] 있음(위서 :)
		누 수	[ ] 없음 [ ] 있음(위서 :)
	도 배		[ ] 깨끗함 [ ] 보통임 [ ] 도배필요

| ⑫환경조건 | 일 조 량 | [ ] 풍부함 [ ] 보통임 [ ] 불충분 (이유 :) |
| | 소 음 | [ ] 미미함 [ ] 보통임 [ ] 심한편임 진 동 [ ] 미미함 [ ] 보통임 [ ] 심한편임 |

III. 중개수수료 등에 관한 사항

⑬중개수수료 및 실비의 금액과 산출내역	중개수수료		<산출내역> 중개수수료 : 실 비 : ※ 중개수수료는 시·도 조례로 정한 요율에 따르거나 시·도 조례로 정한 요율한도에서 중개의뢰인과 중개업자가 서로 협의하여 결정하도록 한 요율에 따르며 부가가치세는 별도로 부과될 수 있습니다.
	실 비		
	계		

「공인중개사의 업무 및 부동산 거래신고에 관한 법률」 제25조제3항 및 같은 법 시행령 제21조에 따라 거래 당사자는 중개업자로부터 위 중개대상물에 관하여 확인·설명을 듣고, 중개업자가 작성·교부하는 본 확인·설명 서를 수령합니다.

년 월 일

매 도 인 (임 대 인)	주 소		성 명	서명 또는 날인
	주민등록번호		전 화 번 호	
매 수 인 (임 차 인)	주 소		성 명	서명 또는 날인
	주민등록번호		전 화 번 호	
중개업자	등 록 번 호		성 명	서명 및 날인
	사무소 명칭		소속공인중개사	서명 및 날인
	사무소 소재지		전 화 번 호	
중개업자	등 록 번 호		성 명	서명 및 날인
	사무소 명칭		소속공인중개사	서명 및 날인
	사무소 소재지		전 화 번 호	

PART 3

투자와 관리

전세 vs 월세

아마도 이번 겨울은 지혜 씨에게 잊지 못할 겨울이 될 것입니다. 지난봄부터 눈여겨보아 왔던 아파트를 드디어 장만했기 때문입니다. 전세를 낀 아파트라 당장에 이사는 할 수 없지만 덕분에 가격 흥정을 잘할 수 있었습니다. 어차피 지혜 씨가 지금 살고 있는 전셋집도 만기가 꽤 남았으니 그때쯤이면 구입한 아파트의 세입자를 내보내고 이사를 할 수 있어서 이사 계획을 세우기에도 나쁘지 않은 것 같습니다.

출근하는 남편을 배웅하고 차 한 잔을 마주한 채 흐뭇한 마음으로 남편의 이름이 선명하게 새겨진 등기부등본과 계약서를 다시 살펴보자니 결혼과 함께 자연스럽게 부부의 목표가 된

'내 집 마련'을 위해 보낸 시간의 고생스러움도 기쁜 추억이 됩니다.

이제 등기부등본도 받았으니 세입자를 만나 인사를 하고, 만기가 돌아오면 지혜 씨가 이사를 들어와야 하니 그 일정도 미리 의논을 해야겠다고 생각합니다.

"안녕하세요, 지난번에 집을 잘 보여 주셔서 감사했어요. 덕분에 저희가 이 집을 살 수 있었어요."

"아, 네. 축하드려요. 그런데 저희는 아직 임대 만기까지 멀었는데요."

지혜 씨의 말에 세입자는 임대 만기가 남았다는 말부터 꺼냅니다. 당장 이사를 나가라는 것도 아닌데 인사말도 없이 서먹한 답인지 지혜 씨의 마음도 어쩐지 불편합니다.

"만기까지 기간이 남아 있는 것은 저희도 알고 있어요. 그 전에 이사하시라는 것이 아니라 만기가 오면 재계약은 해 드리기 어려울 것 같아서요. 저희가 이사를 들어오려고 하거든요. 미리 알고는 계셔야 할 듯해서 드리는 말씀이에요. 혹시 불편하신 점은 없으시죠?"

조심스러운 지혜 씨의 말에 세입자는 난처한 표정이 역력합니다.

"아이 참, 이 집에 이사 올 때는 집주인이 오래오래 살라며 자신들은 이사 들어올 일이 없다더니 이렇게 팔려고 그랬었나 봐요. 파실 거면 미리 우리에게도 귀띔을 해 주시지……. 이렇게 되고 보면 어쩔 수 있나요? 만기에 다른 집 알아봐야죠. 아, 그리고 베란다 유리창에 금이 간 것이 있어요. 날씨가 추워져서 신경 쓰였는데 마침 주인분이 오셨으니 말씀드릴게요.”

집을 보러 왔을 때는 왜 말하지 않았느냐고 물으니 집을 사려는 분인지 몰라서 굳이 말하지 않았답니다. 어쨌든 유리 교체 비용을 주기로 하고 집으로 돌아오는 길에 지혜 씨는 문득 집주인이 가져야 할 자세는 무얼까 하는 의문이 생겼습니다.

어차피 일 년도 남지 않은 기간이라 별생각이 없었는데 세입자를 만나는 일이 그리 편하지는 않네요. 그동안 만났던 집주인들도 저희를 만나는 일이 어려웠을까 하는 생각도 들고요. 어차피 만기가 다가오면 그때나 집을 비워 달라고 할 걸 괜히 일찌감치 만났나 봐요.

아니에요, 지혜 씨. 소유권이 바뀌고 기존의 세입자와 만나서 인사를 나누는 것은 당연히 잘한 일입니다. 입장 바꿔 생각해 보세요. 지혜 씨도 살고 있는 집의 주인이 바뀌었는데 연락도 없다면 뭔지 모르게 서운하고 언짢았을걸요. 다만 집을 보러 갔을 때 베란다 유리 등의 손상된 곳이 있었는지 세입자에게 미리 확인했더라면 하는 아쉬움은 있습니다.

그런데 제가 전세 세입자가 되어 이사를 가면 도배나 장판 같은 것들은 우리가 비용을 들여서 했었는데, 베란다 유리 같은 경우도 주인이

해 주어야 하는 것인가요? 전세의 경우에는 세입자가 하는 것으로 알고 있는데요.

사실 전세나 월세의 임대에 따라 주인이 어느 부분은 해 주어야 한다고 엄격히 구분되어 있지는 않습니다. 전세 물건은 많고 들어올 임차인이 적었던 역 전세난의 기간에는 임대를 빨리 놓기 위해 집주인이 내부를 깔끔하게 수리하기도 했고, 반대로 요즘처럼 전세난이 심한 경우에는 내부 상태에 대한 얘기를 꺼내기도 어려운 시점이 있으니 말이죠. 그렇지만 대체로 보일러 교체나 베란다 수리 등 주택의 기능을 유지하거나 높이기 위한 부분은 집주인이, 전등이나 수도꼭지 등 소모품의 성격을 띤 것은 전세 세입자가 거주하면서 교체하거나 고쳐서 씁니다. 월세의 경우에는 도배나 장판은 물론 전등이나 문손잡이 등 소모품에 해당하는 것들도 집주인이 부담하지요. 그러나 이것은 통상적인 것이고 계약 시의 상황이나 상태에 따라 집주인과 세입자가 합의하는 경우가 더 많습니다. 이제 구체적으로 전세와 월세 임대차의 차이와 장단점에 대해 알아볼까요? ✹

부동산 투자를 한다고 하면 많은 사람들은 시간이 흐르면 자연스럽게 수익이 발생할 것이라고 생각하지만, 소유한 부동산의 관리를 어떻게 하느냐에 따라 수익의 결과는 많이 달라진다. 세상에 공짜는 없다고 하지 않던가? 직접 거주를 하는 경우에는 수리를 하거나 보완을 해 가며 관리한다지만, 세입자가 거주하는 주택 등의 부동산은 수시로 방문해 둘러볼 수도 없는데 어떻게 관리를 하면 좋을지 알아보자.

전세는 부동산을 구입 또는 보유할 경우 투자 원금이 상대적으로 적게 들어간다는 점을 가장 큰 매력으로 꼽을 수 있다. 부동산 경기가 상승할 때는 적은 구입 비용이 레버리지 효과를 발휘하기도 하지만, 부동산 가격이 보합 또는 하락할 때도 전세 보증금은 하락하는 경우가 없어 보유의 관점에서 크게 신경 쓸 일이 없는 것도 장점이라고 할 수 있다. 다음으로 앞서 언급한 바와 같이 전세로 임대하는 경우 주인에게는 별도의 금융 소득이 없는 대신 소소한 소모품들은 세입자가 직접 보충하거나 수리하기 때문에 만기 시까지 소유자로서 특별히 관리할 만한 일이 없다.

소유자가 특별히 보유한 부동산에 대해 신경 쓸 일이 없다는 것은 장점인 동시에 단점이 되기도 하는데, 대부분의 계약 기간이 2년이다 보니 만기 시점에 대한 관리가 느슨해지기도 해서 전세 보증금의 시세를 놓치기도 한다. 일단 세입자의 입장에서 살펴보면, 전세 보증금은 올라가는데 묵시적 계약의 연장으로 인해 재계약이 되면 유리할 것 같지만, 막상 4년 혹은 6년 전의 보증금 시세로 지금 살고 있는 집과 비슷한 수준의 다른 전셋집을 찾기란 거의 불가능에 가깝다는 사실에 직면하게 된다. 소유자의 입장에서는 기존 세입자가 오래 거주한 만큼 내부가 낡아 새로운 세입자를 맞이하기 위해 보증금을 시세보다 낮추거나 도배와 장판을 해 준다는 특약을 달아야 임대 계약이 이루어지기도 하는 탓에 예상하지 못한 지출이 발생하고 이것은 고스란히 기존 세입자에 대한 원망으로 남기도 한다. 이 경우에는 안타깝게도 오랜 임대인과 세입자의 관계가 틀어져 얼굴을 붉히고 헤어지는 경우를 많이 보았다. 전세 임대가 상대적으로 신경이 덜 쓰이는 것은 사실이지만 적어도 임대 계약의 만기 시점은 확인하고, 만기 시점이 되면 임대 시세뿐 아니라 집 내부의 문제점이 있는지도 미리 확인해서 세입자와 돈독해지는 집주인이 되기를 바란다. 세입자는 내가 보유한 부동산을 정성스레 관리해 주는 고마운 보물이기 때문이다. 또한 세입자들이여, 임대 만기가 다가오면 살고 있는 집의 임대 시세를 알아보라. 무심한 집주인이 재계약 시점을 놓치게 되면 감사한 마음으로 오른 전세 시세만큼 별도의 저축을 해서 미래를 대비해야 한다. 결국은 이사를 해야 할 남의 집이 아닌가.

전세와 반대로 월세 임대의 최고 매력은 다달이 들어오는 임대료 수익일 것이다. 최근에는 활발해진 전세 자금 대출로 인해 높은 보증금의 상승에도 전세 수요가 높아진 반면, 월세에 대한 수요가 낮아져 월세 수준이 낮아진 것은 사실이지만 여전히 은행과는 비교되지 않는 높은 수익률로 부동산 투자자들의 사랑을 받고 있다. 특히 대학교 부근이나 역세권을 중심으로 한 도시형 생활주택과 원룸, 투룸 등으로 불리는 다세대주택은 수익형 부동산의 대표라고 볼 수 있다. 다달이 들어오는 임대료 수익은 생활비의 일부가 되거나 다시 종잣돈이 되기도 하니 잘 관리되는 월세 임대는 효자로 비유되기도 한다.

그러나 모든 월세 임대가 이처럼 효자 노릇을 하는 것은 아니다. 날짜에 맞춰 임대료의 납부 여부를 확인해야 함은 물론, 전세에 비해 세입자의 이동이 잦기 때문에 임대 물건에 대해 보다 세심한 관리가 필요하다. 특히 월세 임대는 도배, 장판, 싱크대의 상태, 전등과 수도꼭지 등의 소모품에 이르기까지 집주인이 상태를 보아 가며 교체나 보수를 해 주어야 하므로 임대료 수입에서 일정 부분은 관리비로 빼 두어야 한다.

월세 세입자들은 기본적으로 전세 세입자에 비해 여유가 없다. 전반적으로 경기가 나빠질 경우 다달이 내야 하는 임대료가 부담이 되는 것은 당연하다. 이렇게 되면 점차 월세를 연체하게 되는데, 며칠 늦어지는 것으로 시작해서 나중에는 몇 개월까지 연체가 되기도 한다. 보증금이 있으니 상계하면 된다고 편하게 생각할 수도 있지만, 세입자가 이사를 나가며 얼마 되지 않는 보증금도 챙겨 나갈 수 없는 상황이 되면 임대인의 마음이 편할 수 없다. 임대료를 납부하기로 약속된 날이 지나면 문자나 전화 등으로 상기시켜 주는 것도 좋은 방법이다. 역세권과 학원가의 원룸이나 오피스텔 등 직장인이나 학생이 일인 세대를 이루고 있는 경우를 제외하고, 보통의 주택가에 있는 다세대 원룸이나 다가구의 방 한 칸을 월세로 임차해 생활하는 세입자들은 대부분 영세하다. 평상시는 물론 경기가 좋지 않을수록 따뜻한 인사말을 세입자와 나누는 것도 좋은 방법일 것이다. 지속적인 관심은 꽃도 더 아름답게 피우지만 임대인과 임차인의 관계도 원만하고 편안하게 해 주는 역할을 하니 말이다.

22

관리의 힘

드디어 내 집 마련에 성공한 지혜 씨, 집 장만과 함께 수년간 기다려 온 부부에게 아기도 생겼으니 이만한 경사가 없습니다. 지혜 씨 부부가 처음으로 장만한 집은 지금 살고 있는 전셋집보다 방이 하나 더 많은 전용면적 60m²의 24평형 아파트입니다. 아직은 이사할 날이 많이 남았지만 한 칸 더 생긴 방은 아기 방으로 꾸며야겠다는 즐거운 상상과 함께 마음은 벌써 내부의 집 단장을 시작했습니다.

퇴근하는 남편 손에 들린 야식거리를 식탁 위에 펼치고 지혜 씨 부부는 이야기꽃을 피웁니다. 결혼 초기의 맞벌이 시절과 두 번의 이사 끝에 마련한 집, 그리고 태어날 아기에 관한 이야기까지 서로가 고맙고 뿌듯합니다.

어느새 두 아이의 엄마가 된 지혜 씨, 분주한 주부의 일상은 그대로입니다. 남편과 아이들을 직장과 학교로 보내고 느긋하게 차 한 잔을 하려는데 지난달 지혜 씨의 첫 집이었던 아파트로 이사 온 새댁에게서 전화가 걸려 왔습니다. 잔뜩 화가 난 목소리로 거실 구석에서 물이 떨어진다고 하네요. 날씨도 추워지는데 낭패다 싶어 근처의 집수리 가게에 전화를 걸고 나서려는데, 이번에는 오피스텔 1층에 자리한 부동산 사장님의 전화가 걸려 옵니다.

“아니, 잔금일에 주인이 나타나지 않으면 어쩌자는 거예요? 나가는 세입자 사정도 말씀드렸잖아요. 지방으로 이사하는 거니 일찍 출발해서 보증금 정산해 주시라고요.”

이건 또 무슨 말인지……. 당최 지혜 씨의 기억에는 없는 일이라 당황스럽기 그지없습니다.

“잔금…이라고요?”

아무리 생각해도 오피스텔을 구입한 적이 없는데 세입자는 무슨 소리고 잔금은 웬 말인지 혼란스럽습니다.

띠리리리리

초인종 소리에 문을 여니 문 밖에는 대여섯 명의 장정이 서 있습니다.

“누구세요?”

"오늘 요 앞에 새로 지은 집으로 이사하시는 댁 맞죠?"

"무슨 말씀이에요? 이사라니, 누가 이사를 한다는 말이에요?"

"누구는 누구예요. 아주머니가 이사하신다고 예약했으니 우리가 왔죠. 아, 거기 서 있지 말고 어서 짐이나 나릅시다."

아니, 이사할 집이 어딘지도 모르는데 무슨 이사예요? 뭔가 단단히 잘못되었는데 도무지 어디부터 꼬인 것인지 알 수 없이 정신이 아득해져 갑니다.

"얘, 아니 어쩌면 대낮이 다 되도록 잠을 자니? 어서 일어나."

"아니요, 짐 싸지 마세요. 이사… 안 해요……."

"호호, 언제는 빨리 이사하고 싶다고 안달이더니 뭔 일이래? 아가, 어서 일어나. 밥은 먹어야지." 입덧이 시작된 지혜 씨를 위해 밑반찬을 싸 온 친정어머니는 늦잠을 자며 잠꼬대를 하는 지혜 씨의 모습에 그만 웃음을 터뜨립니다.

"네? 휴우, 꿈을 꾸었나 봐요."

어제 늦도록 남편과 이런저런 이야기를 나누고 잠자리에 든 것이 꿈에서까지 이어진 모양이라고 배시시 웃으며 잠자리에서 일어납니다.

🔖 휴우, 지금 생각해도 웃음이 나요. 이제 겨우 처음 집을 장만했는데 갑자기 세입자 잔금에 이사 들어왔다는 새댁의 원성에 얼마나 놀랐는지요. 그런데 김칫국부터 마시는 것일지는 몰라도 몇 년 후에 저도

꿈속처럼 오피스텔과 아파트를 가지게 될지 알 수 없는 일이잖아요. 그렇게 내 집을 제외한 부동산이 많아지면 정말 관리하기가 어렵겠다는 생각도 들어요. 미리 준비하는 뜻에서 임대 관리 요령을 알려 달라고 하면 성급하기 짝이 없는 노릇이죠?

재미있는 꿈을 꾸었네요. 하지만 꿈속에서는 정말 당황했겠어요. 임대 관리 요령은 반드시 관리할 부동산이 있어야만 알아야 하는 것은 아닙니다. 물론 글을 쓸 때는 부동산을 소유한 입장에서 정리를 해 나가고 있지만, 임대 관리는 말 그대로 임차인의 역할이나 권리에 대해서도 생각해야 할 항목이 많습니다.

계약서를 쓰는 시점부터 임대 기간 중의 통상적인 관리와 집수리 또는 보수의 관리, 그리고 부동산 중에서도 특히 주택을 1채 이상 보유한 사람들의 세금 관리와 주택임대사업에 대해 간단히 알아보도록 하겠습니다.

보유한 주택의 임대 관리는 임대를 위해 계약서를 쓰는 순간부터 시작이 되며, 계약 시의 여러 가지 합의에 의한 약속은 임대 기간 동안 세입자와 집주인이 분쟁 없이 원만하게 계약기간을 채우는 첫 단추가 되므로 특별히 주의해서 특약 등을 정리하는 것이 좋다. 물론 이 과정에서 가장 큰 원칙은 집주인과 세입자가 공평하게 역할 분담을 해야 한다는 것이다.

첫째, 세입자들이 임대 계약을 할 때 가장 신경 써서 살피는 부분은 내가 임차해 사용할 집이 담보로 잡혀 있는가 하는 부분이다. 그래서 임대할 집에 대출금이 정도 이상으로 많이 잡혀 있을 경우에는 집의 내부 상태에 상관없이 임차를 다시 검토하는 것이다. 이와 마찬가지로 집주인 역시 들어올 세입자의 대출 정도를 확인해 봐야 하는데 바로 전세 자금의 대출 부분이다. 최근에는 치솟는 전세 가격에 대비해 전세 자금 대출이 활성화되었다. 초기에는 정부 주도의 전세 자금이 주를 이루었으나 최근에는 제2금융권에서도 전세 보증금의 상당 부분(최대 70~80%까지)을 담보대출로 광고하고 있다. 전세 보증금에 대한 담보대출이기 때문에 원칙적으로는 집주인과 상관없지만, 혹시 세입자의 만기가 도래하여 전세 자금 대출의 상환 독촉 등을 받게 되면 집주인도 정해진 일시에 보증금을 돌려주어야 하므로 아무런 관련이 없다고 보기는 어렵다. 전세 보증금을 담보로 한 대출금 한도는 전체 보증금의 30~40% 이내가 적절하다고 볼 수 있는데, 이 정도의 금액 내에서는 집주인도 만일의 상황에 대비할 수 있다고 판단하기 때문이다.

계약 시에 전세 자금 대출 여부를 확인하였다면 임대 기간 중에 발생할 수 있는 전세 보증금 담보대출의 문제는 어떻게 하면 좋을까? 계약서를 작성할 때 일반적인 사항 외에 들어올 세입자와 합의하여 임대 기간 중에는 전세나 전세 보증금을 담보로 대출을 발생하지 않도록 특약 사항을 기입하면 된다.

둘째, 임대할 집의 상태가 좋지 않다면 임대 보증금의 수준을 시세에 맞춰 적절히 받을 수 없다. 전세로 임대를 할 경우 도배나 장판 등은 들어오는 세입자가 하는 경우가 많지만 임대할 집의 내부

상태가 수리를 필요로 하거나 많이 낡았을 경우에는 집주인이 도배와 장판 등을 해서 깨끗한 상태로 임대를 주는 편이 관리를 하기에도 좋다. 여의치 않은 경우에는 세입자가 직접 취향에 맞게 도배와 장판 등을 할 수 있도록 비용을 보조해 주는 방법도 있다. 이런 방법은 비용이 발생되는 것으로 볼 수도 있지만 엄밀히 말해서는 내 집에 대한 투자이기도 하다. 아무래도 깔끔한 집으로 이사를 오면 살고 있는 곳에 소중한 마음이 들어 집의 관리를 적극적으로 하게 되고 이것이 그대로 집의 가치로 이어진다. 특히 들어올 세입자가 신혼부부나 결혼 예정자라면 출발을 축하하는 의미에서 보증금의 시세를 조금 낮추어 주거나 도배 비용 등을 보조해 주자. 그들의 아름다운 출발에 집도 함께 단장하고 출발하니 말이다.

셋째, 일단 임대 계약을 마치면 계약서를 작성했던 부동산 사무실의 연락처도 잊기 쉽다. 특히 임대 기간의 연장 등으로 재계약이 이루어지면 2년에서 4년까지 세입자와 별다른 연락 없이 지나기도 쉽다. 내 연락처가 바뀌는 경우에 세입자에게 새 연락처를 알려 주는 것은 물론 부동산 사무실의 연락처도 별도로 기입해 두어서 세입자와 연락이 되지 않을 때를 대비해 두어야 한다.

비록 보유한 부동산이 단 한 채라 하더라도 임대를 주어 관리를 한다면 관련된 서류와 비용 영수증 등을 한눈에 볼 수 있게 정리해 두면 좋다.

임대 계약서의 내용은 물론 정화조 청소일자, 보일러의 점검과

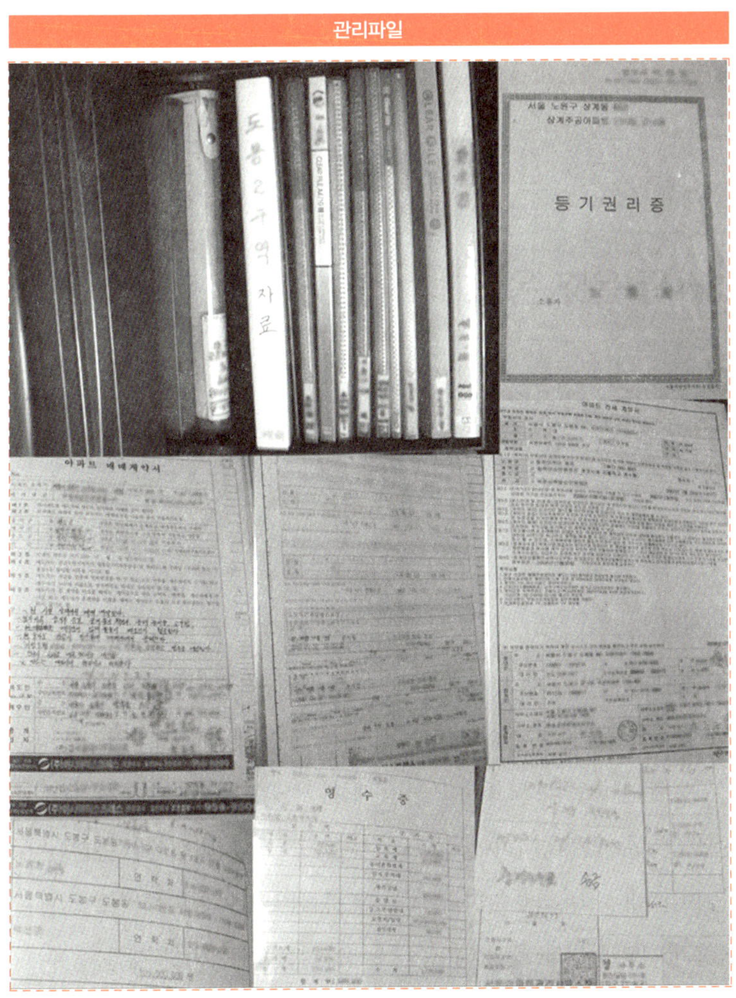

교체일 등을 기록하고 수리나 보수의 내역을 영수증과 함께 첨부해
두면 세입자가 교체될 때 좀 더 편리하게 집의 상태를 정확히 전달

해 줄 수 있다. 또한 나가는 세입자와 집의 상태를 함께 확인해서 집 안의 파손된 부분 등에 대해 함께 확인해 볼 수 있기 때문에 작은 분쟁거리도 방지할 수 있다. 장기적으로는 소유했던 집을 팔고 양도소득세를 신고할 때 비용의 공제 자료로 활용할 수 있다.

또 임대 주택이 다세대주택이나 빌라일 경우에는 관리비를 실비로 받아 건물 청소와 공동전기료, 현관 키의 교체 비용 등으로 쓰면 별도로 비용을 부담할 필요가 없어 관리가 용이하다.

임대 물건이 여럿일 경우는 이렇게 기록하고 자료를 모아 두는 것이 한눈에 쉽게 관리하기 위한 장점이 있다고 수긍하면서, 왜 단 한 채의 경우에도 이런 자료 정리가 필요한지 반문하는 독자가 있을 것이다. 필자의 경우 처음 매매 계약부터 계약서와 비용의 영수증 등을 모으고 관리 과정을 정리할 때는 내 집이 생겼다는 기쁨에 일기처럼 기록하는 것으로 시작했지만, 바로 이 한 번의 정리로 인해 임대 관리의 필요성과 방법에 대한 기준을 세우게 되는 것은 물론 전체적인 우리 가정의 경제 규모와 장래에 대한 계획까지 세우는 출발점이 되었다.

임대 대상 물건이 전세인 경우 보증금과 만기일, 계약 시점의 시세, 세입자 연락처 등을 기록하고, 세입자와 함께 입주 당일에 확인했던 집의 외형적 상태와 보수 또는 교체했던 물품 내역을 영수증과 함께 기록해 두면 웬만큼 임대 관리를 했다고 볼 수 있다. 그러면 임대 대상 물건이 월세인 경우는 무엇을 정리하면 좋을까? 기본적인 사항은 전세 관리와 비슷하지만 계약서를 작성할 때 2회 이상 임대료가 연체될 경우의 특약을 별도로 기재할 것을 잊지 말아야한다. 일면 야박하다 싶은 생각이 들기도 하지만 월세 납입의 연체에 따른 계약해지 항목이나 연체 이자의 별도 지급 등 특약을 합의하여 기입하면 상습적이고 장기적으로 월세를 연체하는 것을 미리예방할 수 있다. 특히 월세 납입일이 지나면 세입자에게 인사와 함께 문자로 연체 상황을 알려 주는 것도 좋은 방법이다.

또 하나 주의할 점은 월세의 욕심에 보증금을 낮추는 일이 없도록 해야 한다. 월세 대비 보증금이 낮은 경우에는 관리 면에서 어려움이 커진다. 또한 보증금에 비해 높은 월세 비율은 연체의 확률도 높아진다는 것을 기억하자.

최근 수익형 원룸과 원룸텔, 오피스텔 등에서 보증금 없이 월세만 납부하는 일명 '무보증 단기 임대' 형식이 유행인데, 이것은 월세를 선납하는 형태로 주택의 월세 임대와는 성격이 다르다. 원룸또는 한 세대의 다세대주택 안에 옷장, 텔레비전, 책상, 침대와 화장실, 세탁 시설과 간단한 주방 시설까지 갖추어져 있어 고시원처럼 월 사용료의 개념으로 운영된다고 보는 것이 옳다.

임대 대상 주택의 유지와 보수, 수리 등은 가급적이면 내가 잘 아는 집수리 업자보다 그 지역의 철물점이나 지물포 등을 이용하는것이 편리하다. 개인적 친분이 있는 수리 업자가 일하는 데에 익숙해서 좋을 것 같지만, 그 동네에 오래 거주하고 영업해 온 수리 업자는 저렴할 뿐 아니라 동네의 사정에 밝아서 문제가 생겼을 경우 어느 때라도 빠른 시간 안에 문제 해결을 해 줄 수 있기 때문이다. 세입자에게 문제가 생겼을 경우의 연락처로 집수리 업체의 전화번호를 남겨 두면 여름철의 집중호우 때나 겨울철의 한파로 혹시 생길 문제에 빨리 대응할 수 있다.

경우에 따라 도배나 장판, 싱크대나 보일러의 교체 등을 해야 할 때 전화 통화를 하고 송금해 주는 것보다, 직접 현장을 살펴보고 음료수를 사 드린다거나 잔심부름을 한두 가지 해 주는 것만으로도 집수리 업자와 한결 친밀한 관계를 만들 수도 있다. 이렇게 가까워진 관계라면 이미 나와 잘 아는 집수리 업자가 된 셈이니 관리의 절반은 해결했다고 보아도 좋다.

구구절절하게 정리를 했지만 사실은 임대 관리의 요령을 단 한 마디로 표현할 수 있다.

"세입자가 내 집을 편하게 써야 집주인도 편하다."라는 사실이다. 세입자는 내 집을 빌려 쓰는 사람이기도 하지만 내 집의 가치가 올라갈 수 있도록 유지해 주는 고마운 존재이기도 함을 기억하자.

23

주택임대사업자의 등록과 혜택

작년만 해도 주택임대사업자로 등록을 하기 위해서는 '5주택 이상, 10년 이상 임대' 의 요건이 필요했다. 그런데 나날이 치솟는 전세와 월세 가격에 전세난이 심화되자 정부에서는 2011년 2월 11일 '3주택 이상, 5년 이상 임대' 로 요건을 완화한 뒤 곧이어 2011년 8월 18일 전·월세 안정화 대책을 발표하고, 매입 임대주택사업자에 대한 확대 지원책을 발표하였다. 또한 그 후속 조치로 2011년 10월 14일, 매입 임대주택사업자에 대한 등록 요건 완화와 함께 파격적인 세제 혜택을 주요 내용으로 하는 세법이 개정되었는데 그 내용은 다음과 같다.

2011년 개정 주택임대사업자의 요건과 세제 혜택			
구분	요건	기준금액	기준지역
수도권	임대주택 1호 이상 임대기간 5년 이상 전용면적 149㎡ 이하	임대주택 등록 후 최초임대개시일 현재 기준시가 6억 원	같은 수도권 내
지방		임대주택 등록 후 최초임대개시일 현재 기준시가 3억 원	지역제한 없음

구분	내용
양도세	임대주택 외 거주용 주택 1채만 있는 경우 거주용 주택 양도 시 1세대1주택 양도세 비과세 적용(거주용 주택 요건: 3년 이상 보유, 2년 이상 거주)
종합부동산세	임대주택 외 거주용 주택 1채만 있는 경우 1세대 1주택 특례 적용 -과세표준 계산 시 9억 원 공제 -장기보유자 세액공제 적용 • 5년 이상 보유 20% • 10년 이상 보유 40% -고령자 세액공제 적용 • 만 60세 이상 10% • 만 65세 이상 20% • 만 70세 이상 30%
취득세	• 전용면적60㎡ 이하 : 면제 • 전용면적 60~149㎡ : 25% 감면
재산세	• 전용면적 40㎡ 이하 : 면제 • 전용면적 40~60㎡ : 50% 감면 • 전용면적 60~85㎡ : 25% 감면

살펴본 바와 같이 2011년 8월에 발표된 전·월세 안정화 대책의 골자는 주택임대사업자의 요건을 완화하고 혜택을 확대하여 주택임대사업자의 수익성을 높이도록 하는 데 있다는 것을 알 수 있다. 또한 지금까지는 오피스텔을 소유한 경우 실제 주거용으로 임대를

<table>
<tr><td>주택임대사업 순서도</td></tr>
</table>

1. 주택 임대사업(지방세 혜택) 등록 : 해당 시. 군. 구청

2. 취득 후 30일 이내 취득세 감면 신청 : 해당 시. 군. 구청

3. 임대계약 체결 : 표준 임대차 계약서

4. 임대사업자(국세 혜택) 등록 : 해당 세무서

5. 임대조건(계약기간, 보증금 등) 신고 : 해당 시. 군. 구청

6. 주택 임대신고 : 해당 세무서

※임대 의무기간 5년을 채우지 않고 임대 대상 주택을 매각하거나 다른 용도로 쓰는 경우: 취득세, 보유세, 종합부동산세 등 감면 혜택을 받았던 세액을 일시에 납부해야 한다는 사실을 기억하세요.

주었더라도 업무 시설로 분류가 되어 주택임대사업자로 등록할 수 없었다. 그러나 앞으로는 오피스텔 소유자도 주거용으로 임대할 경우 주택임대사업자로 등록이 가능해졌으며, 도시형 생활주택 등을 구입하여 임대 사업을 하고자 하는 경우 사업 환경이 보다 나아진 것으로 볼 수 있다.

서울과 수도권의 소형 아파트, 오피스텔, 도시형 생활주택(다세대주택으로 분류) 등은 상대적으로 구입 자금이 덜 들고, 1~2인 가구의 증가세 등에 비추어 볼 때 그 수요도 점차 늘어날 것으로 예상된다. 전세와 월세 등 임대 가격이 상승하고 주택의 매매 가격이 보

합 또는 하락기에 있다면 눈을 크게 뜨고 살펴보자. 임대 사업용 소형 아파트나 기대 수익률이 꽤 괜찮은 오피스텔, 소형 주택 등 저렴한 가격에 알짜 부동산을 구입할 좋은 기회이기도 하니 말이다.

대부분의 소설이나 흥미로운 이야기들의 주인공과 사건들은 시대와 공간에 따라 달라지지만 공통점은 하나씩 있습니다. 주인공이 어떤 사건 또는 인물과 맞닥뜨리는 것인데, 그 사건이나 인물은 대개 주인공이 넘기에 어렵고 불가능해 보이는 것들이죠.

주인공을 제외한 사람들은 돌아가자고 설득하기도 하고 마주한 현실에 타협하라고도 합니다. 가끔 그 무시무시한 사건을 해결할 법한 꾀를 제시하기도 하고요. 그러나 주인공들은 또 일관성 있게 타협을 하거나 꾀를 쓰지도 않고 우직하고 바보스럽게 마주 대합니다.

그 대상은 주저앉아 울고 싶은 현실이기도 하고 웅장한 산속의 괴물이기도 하고, 사사건건 방해를 일삼는 적군이거나 자신 안에서 자란 공포이기도 합니다.

현자나 범인이나 두려운 대상을 꺼리기는 마찬가지라 대부분은 피하거나 없애려 애를 쓰는데, 주인공들은 역시 뭐가 달라도 다릅니다. 두려운 대상과 마주하여 오히려 그것을 내게 도움을 주는 조력자로 만들어 냅니다. 주인공이 가지고 있는 긍정의 힘이 목표를 향해 무엇이든 해 보려는 행동을 이끌어 내고, 어려움을 피하지 않는 담대함이 다시 다음 목표를 찾는 선순환을 이끌어 내는 까닭입니다.

책을 완성해 보겠다고 처음 펜을 들었을 때는 가벼운 설렘과 흥분도 있었지만, 이내 커다란 두려움이 자랐습니다. 담담히 저의 경험과 경험을 통해 얻은 얄팍한 지식을 담으면 되겠거니 생각했던 스스로를 비웃듯 과연 이 안에 담을 수는 있는 걸까, 내용은 읽는 독자에게 잘 전달될 수 있을까 하는 등의 고민이 꼬리에 꼬리를 무는 것이었습니다.

그리고 이런저런 두려움에 어떻게 마주설지 생각을 헤매다 '담담히'라는 처음의 마음을 붙들었습니다. 내 경험에 누구라도 납득할 근거가 보여야겠기에 자료도 다시 정리하고 지나간 뉴스도 한 번 더 보게 되었습니다. 그렇게 정리하고 확인하며 원고를 채워 가는 사이에 다음의 목표를 세우고 있는 저를 만나며 또다시 마음에 설렘이 자랍니다.

이제 펜을 놓으며 먼저 기꺼이 두려움 앞에 설 기회를 주신 출판사 맛있는책에 감사의 인사를 드립니다. 덕분에 다음 계단을 준비할 수 있는 용기도 계획도 생겼습니다. 또한 두려움 속을 걷는 내내 저를 응원해 주신 시어머니와 친정어머니, 두 분 어머니께도 진심으로 감사드립니다.

지난 한 해는 제게 유난히 많은 소중한 인연을 맺을 수 있도록 선물 받은 해이기도 합니다. 많은 배움을 주신 분들과 함께 일하고 있는 동료들, 늘 든든한 마음의 울타리가 되어 준 고마운 친구 승경과 희숙, 무엇보다 사랑하는 두 남자(남편과 현식)에게 고마움을 전합니다.

급매물의 여왕

초판 1쇄 ㅣ 2012년 3월 2일

지은이 ㅣ 노성환
펴낸이 ㅣ 김성희
펴낸곳 ㅣ 맛있는책

출판등록 ㅣ 2006년 10월 4일 (제25100-2009-000049호.)
주소 ㅣ 서울 광진구 중곡동 639-9 동명빌딩 7층
전화번호 ㅣ 02-466-1207
팩스번호 ㅣ 02-466-1301
전자우편 ㅣ candybook@gmail.com

ISBN 978-89-93174-19-9 13320